O GRANDE LIVRO DO

CORPO HUMANO

SISTEMA RESPIRATÓRIO, SENSORIAL, EXCRETOR, NERVOSO, MUSCULAR, LINFÁTICO, REPRODUTOR, DIGESTIVO, ENDÓCRINO, ESQUELÉTICO E CIRCULATÓRIO

CONHEÇA NOSSO LIVROS
ACESSANDO AQUI!

Copyright desta obra © IBC - Instituto Brasileiro De Cultura, 2022

Reservados todos os direitos desta tradução e produção, pela lei 9.610 de 19.2.1998.

5ª Impressão 2023

Presidente: Paulo Roberto Houch
MTB 0083982/SP

Coordenação Editorial: Priscilla Sipans
Coordenação de Arte: Rubens Martim (capa)
Edição: Aline Ribeiro (contato@assessoarte.com.br)
Colaboram nesta edição: Ana Ioselli, Evelyn Moreto, Graziela Primiani e Sally Borges (textos); Angela C. Houck e Fernando Gomes (diagramação)
Imagens: Shutterstock

Vendas: Tel.: (11) 3393-7727 (comercial2@editoraonline.com.br)

Foi feito o depósito legal.
Impresso na China

Dados Internacionais de Catalogação na Publicação (CIP) de acordo com ISBD		
C181g	Camelot Editora	
	O Grande Livro do Corpo Humano / Camelot Editora. - Barueri : Camelot Editora, 2022. 160 p. ; 15,5cm x 23cm.	
	ISBN: 978-65-80921-25-6	
	1. Corpo Humano. I. Título.	
2022-3927		CDD 611 CDU 611
Elaborado por Vagner Rodolfo da Silva - CRB-8/9410		

IBC — Instituto Brasileiro de Cultura LTDA
CNPJ 04.207.648/0001-94
Avenida Juruá, 762 — Alphaville Industrial
CEP. 06455-010 — Barueri/SP
www.editoraonline.com.br

O GRANDE LIVRO DO
CORPO HUMANO

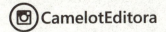

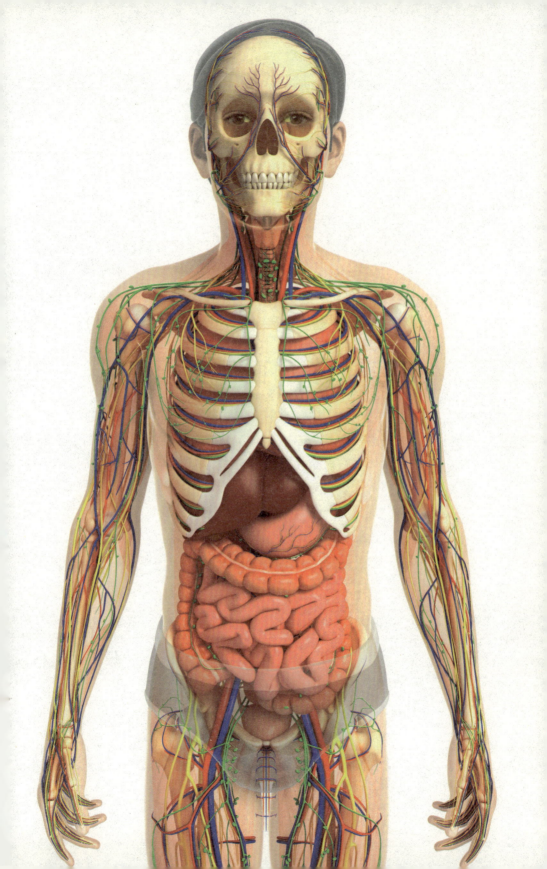

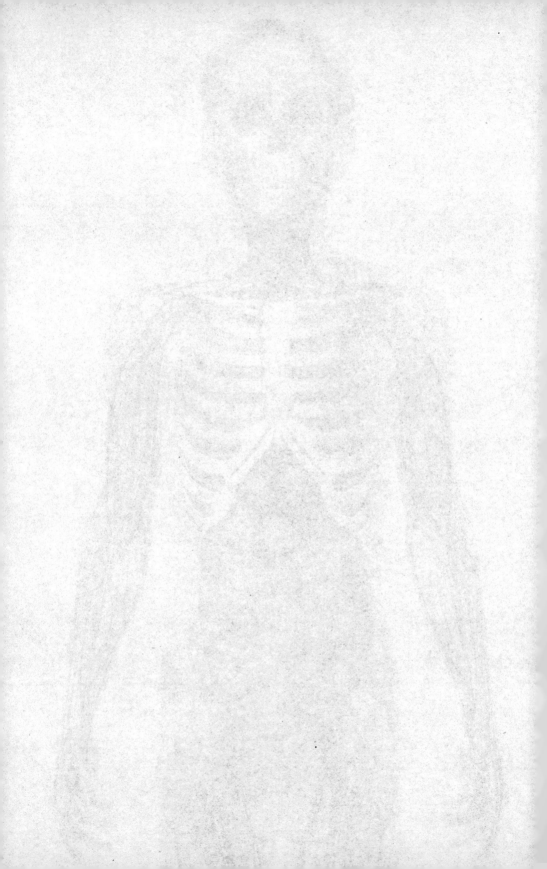

Apresentação

CORPO HUMANO

Veja como tudo funciona dentro de você!

O dia a dia está cada vez mais agitado. Corremos, sem parar, a fim de cumprir todas as expectativas, seja no trabalho ou com a família e os amigos. Nesse corre-corre frenético, muitas vezes, esquecemos de nos alimentar corretamente. Já a respiração fica mais curta e ofegante, e o coração, mais acelerado. Até que ponto o nosso corpo sustenta tamanho estresse? Um fato é certo: se a "máquina humana" não funcionar corretamente, nenhum projeto irá conseguir sair do papel. Precisamos, sim, cuidar de nossa saúde como foco principal. E nada melhor do que conhecer bem o corpo humano para atender às suas necessidades.
Pensando nessa proposta, lançamos este guia Conhecer Fantástico – CORPO HUMANO. Aqui, você fica por dentro sobre tudo o que acontece dentro de você. Para facilitar a compreensão, dividimos o conteúdo de acordo com os principais sistemas que fazem o nosso corpo funcionar: Circulatório, Digestório, Excretor, Respiratório, Endócrino, Nervoso, Sensorial, Reprodutor, Linfático, Muscular e Esquelético. Nosso objetivo é fazer você ir além sobre os seus conhecimentos sobre corpo humano, detalhando como as funções de cada parte que o compõem se complementam – sim, um deslize em qualquer função para a "máquina perfeita" já começar a travar. Por isso, cuide-se! Mergulhe a fundo em nossas pesquisas e descubra curiosidades que você jamais imaginou que acontecesse dentro de você!

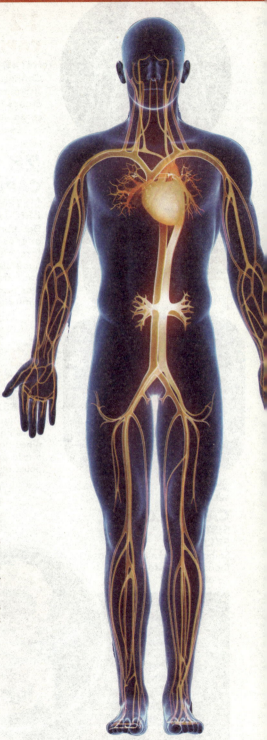

Sumário

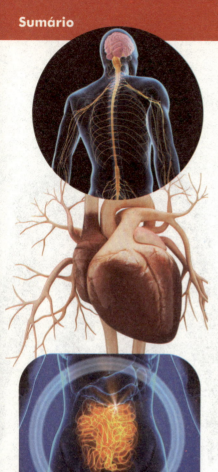

12
CAPÍTULO 1
INTRODUÇÃO
Conheça cada um dos sistemas e principais órgãos que constituem o corpo humano

28
CAPÍTULO 2
SISTEMA CIRCULATÓRIO
Descubra como veias e artérias trabalham para fazer o coração bater e quais são as principais doenças cardiovasculares e as dicas para prevenir o infarto

42
CAPÍTULO 3
SISTEMA DIGESTÓRIO
Da primeira mordida até o final da digestão, acompanhe a rota percorrida pelos alimentos

50
CAPÍTULO 4
SISTEMA EXCRETOR
Saiba como são eliminados todos os excessos do organismo

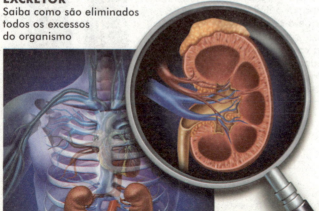

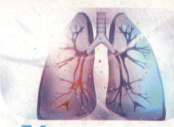

56
CAPÍTULO 5
SISTEMA RESPIRATÓRIO
Saiba como é o constante trabalho dos órgãos que fazem as trocas gasosas entre o corpo e o meio ambiente

64
CAPÍTULO 6
SISTEMA SENSORIAL
Do tato ao paladar, todos os mistérios dos cinco sentidos e suas sensações são desvendados, nos mínimos detalhes

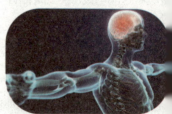

70
CAPÍTULO 7
SISTEMA NERVOSO
Descubra como cérebro, nervos e neurônios têm a capacidade controlar o bom funcionamento todo o corpo humano

92
CAPÍTULO 8
SISTEMA ENDÓCRINO
Conheça o funcionamento das principais glândulas do corpo humano e a ação de seus hormônios no organismo

100
CAPÍTULO 9
SISTEMA REPRODUTOR
Os órgãos genitais têm funções diversas, como a concepção de um novo ser e a descoberta da sexualidade. Descubra aqui todas as peculiaridades deste sistema incrível!

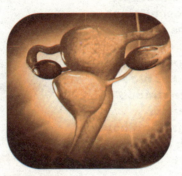

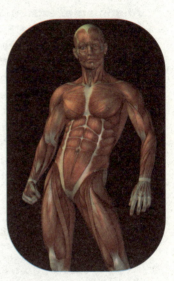

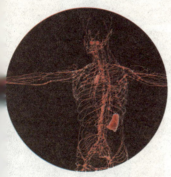

110
CAPÍTULO 10
SISTEMA LINFÁTICO
Para ficar imune a vírus e bactérias, a linfa entra em ação! No entanto, os benefícios vão muito mais além. Conheça todas as funcionalidades aqui

143
CURIOSIDADES
Fique por dentro fatos impressionantes sobre a "máquina perfeita" que é o corpo humano

145
GLOSSÁRIO
O significado dos termos técnicos deste volume

120
CAPÍTULO 11
SISTEMA MUSCULAR
Como o corpo humano se movimenta com tanta facilidade? Porque os músculos garantem a agilidade necessária! E com quantos músculos é feito o seu corpo? Fique por dentro dessa e de muitas outras curiosidades que envolvem este sistema

132
CAPÍTULO 12
SISTEMA ESQUELÉTICO
Caminhar, correr, pular e tantas outras ações. São os ossos responsáveis por deixar o seu organismo em pé. Quer saber do que são formados e quantos possui? Corra para este capítulo agora e descubra!

151
QUIZ
Teste seus conhecimentos sobre tudo que aprendeu sobre o corpo humano

155
ONDE ENCONTRAR
Nossos agradecimentos a todos os colaboradores desta edição

CAPÍTULO 1 – Introdução

Máquina
PERFEITA

Atualmente, existem aproximadamente 7,3 bilhões de pessoas de raças, credos, biótipos e gostos diferentes. Mas o que todas têm em comum é esta incrível máquina chamada corpo humano. Se você pensa que já sabe tudo sobre o assunto, está enganado. Prepare-se para desvendar curiosidades que jamais imaginou que acontecesse dentro de você

Por Aline Ribeiro • Fotos Shutterstock

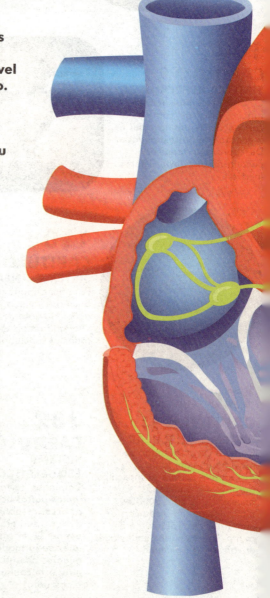

O corpo é constituído de diversas partes que se relacionam entre si, formando os sistemas. São cerca de 10 trilhões de células divididas em mais ou menos 200 tipos diferentes, espalhadas por todo organismo. No núcleo das células, encontra-se o DNA, que contém o código genético de cada indivíduo. "O DNA é uma molécula incrível, é a única coisa que se autoduplica na face da Terra. Sua autoduplicação nos faz pensar se não seria ele a base da vida ou até o próprio indivíduo, rebaixando-nos a meras construções ao seu entorno, ávidos por nos reproduzir para unicamente garantir a sua perpetuação", afirma Rodrigo Guerra Moura e Silva, biólogo geneticista formado na UFRJ e gerente de inovação tecnológica do Laboratório Nacional de Biociências.

Na verdade, milhares de reações químicas acontecem a todo instante dentro do nosso corpo com o objetivo primordial de nos manter vivos. A Anatomia Humana estuda os sistemas do corpo humano e é isso que vamos abordar nas próximas páginas. Confira, a seguir, quais são cada sistema e como funcionam os principais órgãos do corpo humano.

1 SISTEMA CIRCULATÓRIO

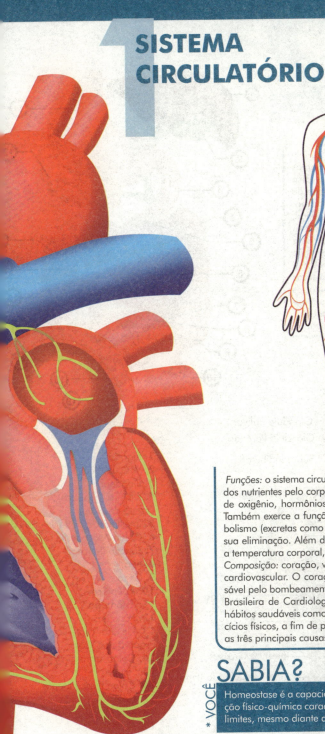
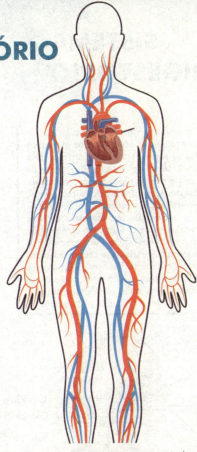

Funções: o sistema circulatório humano é responsável pelo transporte dos nutrientes pelo corpo, como aminoácidos, eletrólitos e linfa, além de oxigênio, hormônios e hemácias para as células do organismo. Também exerce a função de transportar os produtos finais do metabolismo (excretas como CO_2 e ureia) até os órgãos responsáveis por sua eliminação. Além disso, defende o corpo contra doenças, regula a temperatura corporal, estabiliza o PH e mantém a homeostase *.

Composição: coração, vasos sanguíneos e sangue formam o sistema cardiovascular. O coração é o centro funcional do sistema, responsável pelo bombeamento do sangue para todo o corpo. A Sociedade Brasileira de Cardiologia alerta para a importância de se adquirir hábitos saudáveis como alimentação balanceada e a prática de exercícios físicos, a fim de prevenir as doenças do coração, sempre entre as três principais causas de mortes no Brasil.

VOCÊ SABIA?

* Homeostase é a capacidade do organismo de apresentar uma situação físico-química característica e constante, dentro de determinados limites, mesmo diante de alterações impostas pelo meio ambiente.

INTRODUÇÃO

SISTEMA DIGESTÓRIO 2

Funções: o sistema digestivo (ou digestório) é responsável por absorver dos alimentos ingeridos os nutrientes que o corpo precisa para se desenvolver e pela eliminação de grande parte das impurezas do organismo.
Composição: é composto pela boca, faringe, esôfago, estômago, intestino delgado, intestino grosso, reto e ânus. Sua extensão, desde a boca até o ânus, pode chegar a nove metros de comprimento em um adulto. Ao tubo digestivo estão associadas glândulas que produzem sucos digestivos ricos em enzimas e outras substâncias que ajudam a dissolver os alimentos, como glândulas salivares, glândulas gástricas, glândulas intestinais, pâncreas e fígado.

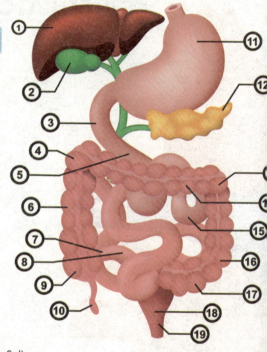

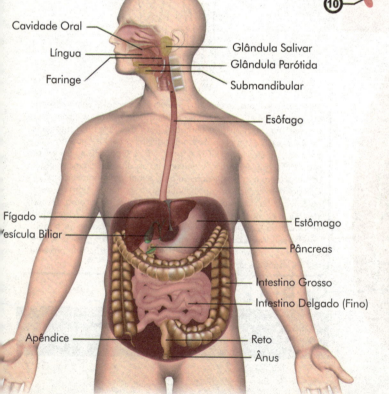

1. Fígado
2. Vesícula Biliar
3. Duodeno
4. Flexura (hepática) / Direita do Cólon
5. Intestino Delgado Jejuno
6. Cólon Ascendente
7. Junção Ileocecal
8. Íleo
9. Ceco
10. Apêndice
11. Estômago
12. Pâncreas
13. Flexura (esplênica) / Esquerda do Cólon
14. Cólon Transverso
15. Jejuno
16. Cólon Descendente
17. Cólon Sigmóide
18. Reto
19. Ânus

3 SISTEMA EXCRETOR (Urinário)

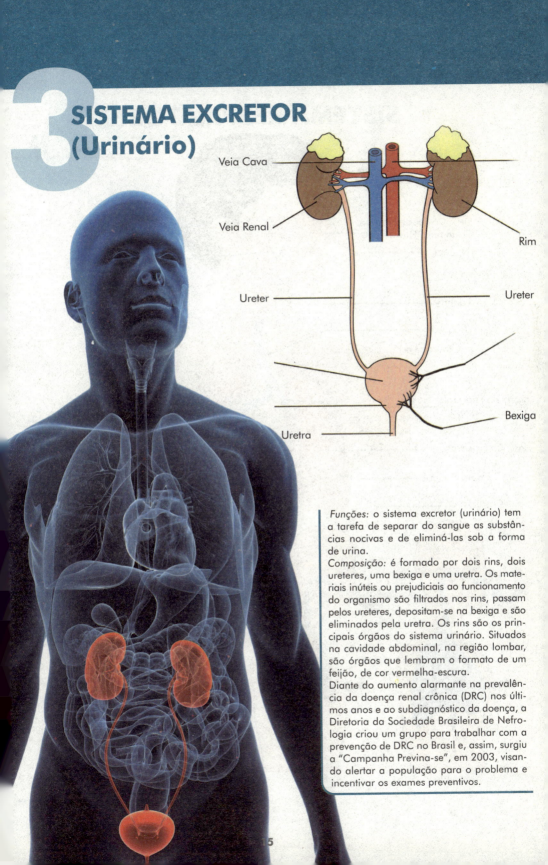

Veia Cava — Veia Renal — Ureter — Uretra — Rim — Ureter — Bexiga

Funções: o sistema excretor (urinário) tem a tarefa de separar do sangue as substâncias nocivas e de eliminá-las sob a forma de urina.

Composição: é formado por dois rins, dois ureteres, uma bexiga e uma uretra. Os materiais inúteis ou prejudiciais ao funcionamento do organismo são filtrados nos rins, passam pelos ureteres, depositam-se na bexiga e são eliminados pela uretra. Os rins são os principais órgãos do sistema urinário. Situados na cavidade abdominal, na região lombar, são órgãos que lembram o formato de um feijão, de cor vermelha-escura.

Diante do aumento alarmante na prevalência da doença renal crônica (DRC) nos últimos anos e ao subdiagnóstico da doença, a Diretoria da Sociedade Brasileira de Nefrologia criou um grupo para trabalhar com a prevenção de DRC no Brasil e, assim, surgiu a "Campanha Previna-se", em 2003, visando alertar a população para o problema e incentivar os exames preventivos.

INTRODUÇÃO

SISTEMA RESPIRATÓRIO 4

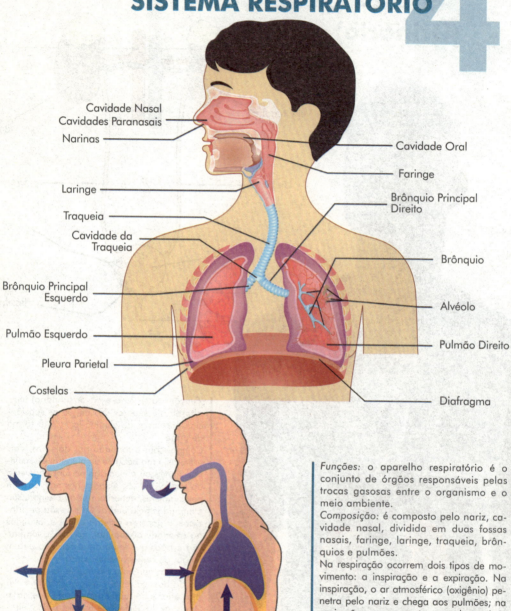

Funções: o aparelho respiratório é o conjunto de órgãos responsáveis pelas trocas gasosas entre o organismo e o meio ambiente.
Composição: é composto pelo nariz, cavidade nasal, dividida em duas fossas nasais, faringe, laringe, traqueia, brônquios e pulmões.
Na respiração ocorrem dois tipos de movimento: a inspiração e a expiração. Na inspiração, o ar atmosférico (oxigênio) penetra pelo nariz e chega aos pulmões; na expiração, o ar presente nos pulmões (gás carbônico) é eliminado para o ambiente externo. Nos alvéolos pulmonares, o oxigênio (O2) passa para o sangue (glóbulos vermelhos), enquanto o gás carbônico (CO2) o abandona.

5 SISTEMA ENDÓCRINO

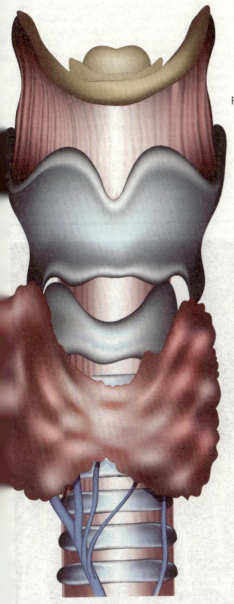

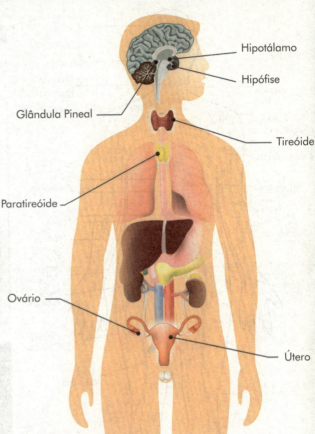

Hipotálamo
Hipófise
Glândula Pineal
Tireóide
Paratireóide
Ovário
Útero

Como o corpo sabe que a mãe deve produzir leite para alimentar o bebê? Ou o quanto uma pessoa deve crescer? Ou ainda se o nível de água no corpo está em equilíbrio? Quem tem as respostas para cada uma dessas perguntas é o sistema endócrino (hormonal), responsável por todas as funções e atividades do nosso corpo em parceria com o sistema nervoso.

Funções: o sistema nervoso pode fornecer ao sistema endócrino informações sobre o meio externo, enquanto que o sistema endócrino regula a resposta interna do organismo a esta informação.

Composição: algumas das principais glândulas que constituem o sistema endócrino são a hipófise, o hipotálamo, a tireoide, as suprarrenais, o pâncreas, as gônadas (os ovários e os testículos) e o tecido adiposo.

INTRODUÇÃO

SISTEMA NERVOSO 6

Funções: a cada estímulo externo, como o aroma de um perfume ou a melodia de uma música; ou interno, como uma sensação de sono, o corpo humano reage automaticamente. Esse processo ocorre no sistema nervoso central de maneira tão instantânea que a nossa consciência não tem como identificar os milhares de estímulos que o corpo recebe a todo instante. A unidade básica do sistema nervoso é o neurônio, capaz de reagir a qualquer estímulo com o impulso nervoso. "O sistema nervoso é a unidade de processamento entre a percepção dos estímulos que vêm do exterior e a resposta motora elaborada. O que percebemos por meio dos sentidos chega ao cérebro, verdadeira central de manejo de informação e se transforma em um ato complexo através do qual nós, seres humanos, buscamos nos adaptar ao universo. E transformá-lo também", afirma a médica psiquiatra Marina Valle.

"O cérebro regula funções vitais básicas, como a respiração e a regulação do sistema cardiovascular e da temperatura corporal. Mas também é uma unidade de níveis crescentes de complexidade resultantes da evolução das espécies"

Psiquiatra Marina Valle

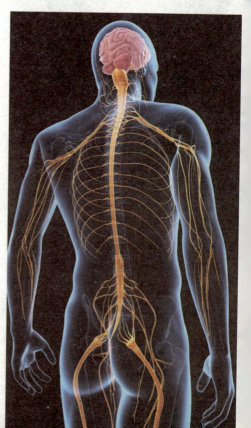

18

7 SISTEMA SENSORIAL

Você sabia?
Na pele humana existem mecanorreceptores, termorreceptores e receptores de dor. Eles adquirem os estímulos que proporcionam a sensação conhecida por tato.

Cuide-se!
A saúde da retina, onde se localizam as células fotossensíveis, também depende da vitamina A. Daí a importância de consumir essa vitamina para a saúde visual.

Composição: os órgãos dos sentidos, como pele, ouvidos, olhos, língua e fossas nasais, compõem o sistema sensorial.

Funções: esses órgãos têm a capacidade de transformar os diversos estímulos do ambiente em impulsos nervosos. Os sentidos são os meios através dos quais os seres vivos percebem e reconhecem outros organismos e as características do meio ambiente. Os mais conhecidos são a visão, a audição, o tato, o paladar e o olfato. Cada receptor sensorial responde a um determinado tipo de estímulo. Eles possuem a capacidade de enviar a informação em diferentes frequências, garantindo o entendimento do sistema nervoso central para a intensidade e duração.

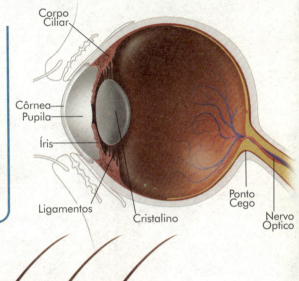

Corpo Ciliar — Córnea — Pupila — Íris — Ligamentos — Cristalino — Ponto Cego — Nervo Óptico

Terminações Nervosas Livres

Corpúsculo de Meissner (Corpúsculo Táteis)

Córpusculo de Ruffini (Receptores Térmicos de Calor)

Raiz do cabelo/pelo

Corpúsculo de Pacini

Discos de Merkel (Sensibilidade Tátil e de Pressão)

Bulbos terminais de Krause (Receptores Térmicos de Frio)

INTRODUÇÃO

SISTEMA REPRODUTOR 8

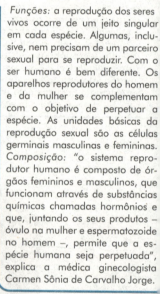

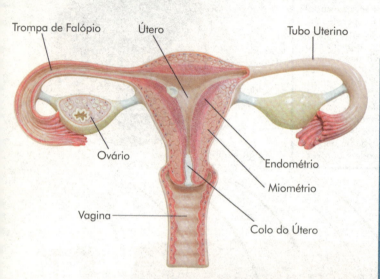

Funções: a reprodução dos seres vivos ocorre de um jeito singular em cada espécie. Algumas, inclusive, nem precisam de um parceiro sexual para se reproduzir. Com o ser humano é bem diferente. Os aparelhos reprodutores do homem e da mulher se complementam com o objetivo de perpetuar a espécie. As unidades básicas da reprodução sexual são as células germinais masculinas e femininas. *Composição:* "o sistema reprodutor humano é composto de órgãos femininos e masculinos, que funcionam através de substâncias químicas chamadas hormônios e que, juntando os seus produtos – óvulo na mulher e espermatozoide no homem –, permite que a espécie humana seja perpetuada", explica a médica ginecologista Carmen Sônia de Carvalho Jorge.

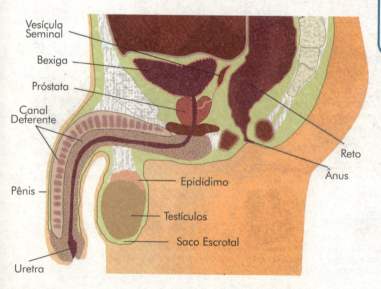

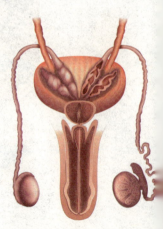

Você sabia?
A linfa move-se lentamente na maior parte do tempo, mas, durante exercício vigoroso, pode mover-se até 20 vezes mais depressa.

Fique por dentro!
Um adulto normal tem entre 1 a 2 litros de linfa. E cada nódulo linfático tem entre 1 e 2,5 cm de largura.

9 SISTEMA LINFÁTICO

O corpo humano possui outro sistema de fluxo de líquido, além do sistema cardiovascular para a circulação do sangue: o sistema linfático.

Funções: o sistema linfático auxilia o sistema cardiovascular na remoção de resíduos, na coleta e na distribuição de ácidos graxos e gliceróis absorvidos no intestino delgado e contribui para a defesa do organismo, produzindo os linfócitos.

Composição: é composto por um conjunto formado pela linfa, pelos vasos linfáticos e órgãos como os linfonodos, o baço, o timo e as tonsilas palatinas.

A linfa se desloca através das contrações musculares comprimem os vasos linfáticos, provocando o fluxo da linfa.

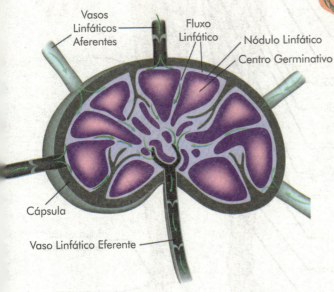
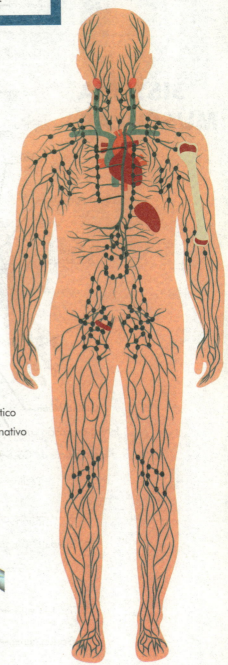

INTRODUÇÃO

10 SISTEMA MUSCULAR

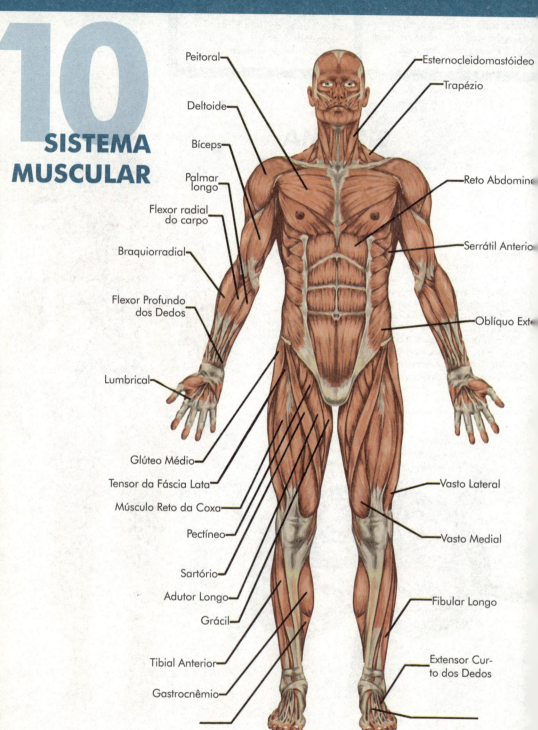

Você sabia?
Existem músculos involuntários, os quais não temos controle sobre eles. Esses são controlados pelo sistema nervoso do corpo.

Incrível!
Há mais de 30 músculos faciais que ajudam a criar fisionomia de felicidade, surpresa e tristeza em seu rosto.

Fique por dentro
O músculo glúteo máximo, localizado nas nádegas, é o maior músculo do corpo humano.

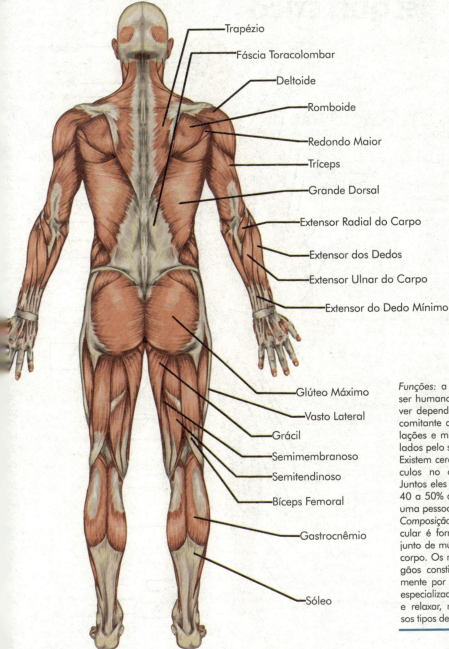

Funções: a capacidade do ser humano de se locomover depende da ação concomitante de ossos, articulações e músculos, estimulados pelo sistema nervoso. Existem cerca de 600 músculos no corpo humano. Juntos eles representam de 40 a 50% do peso total de uma pessoa.
Composição: o sistema muscular é formado pelo conjunto de músculos do nosso corpo. Os músculos são órgãos constituídos principalmente por tecido muscular, especializado em se contrair e relaxar, realizando diversos tipos de movimentos.

INTRODUÇÃO

11 SISTEMA ESQUELÉTICO

Funções: o sistema esquelético do corpo humano desempenha várias funções importantes, tais como: sustentação dos tecidos moles de nosso corpo e proteção de órgãos vitais, como o coração e os pulmões. Os ossos em conjunto com os músculos são responsáveis pelos movimentos, armazenamento e liberação de vários minerais no sangue, produção de hemácias, leucócitos e plaquetas e armazenamento de triglicerídeos. Noventa e nove por cento do cálcio que possuímos em nosso corpo está depositado neles. "Os sistemas muscular e o esquelético são fundamentais para dar sustentação, equilíbrio, proteção aos órgãos vitais, mobilidade e produção de células sanguíneas para os seres humanos", explica o médico ortopedista Felipe Carvalho, cirurgião de quadril do Instituto Nacional de Traumatologia e Ortopedia (INTO).

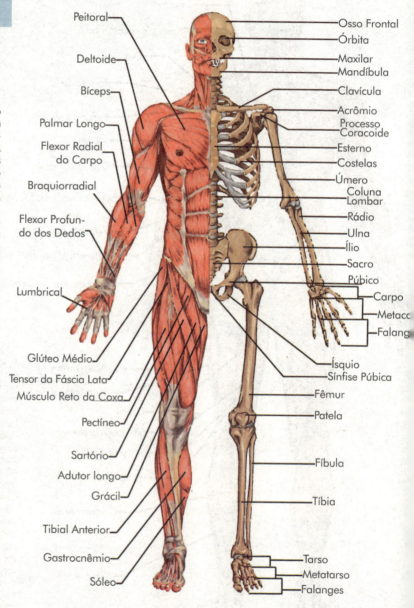

24 - Coleção Corpo Humano

O maior!
O fêmur, osso da coxa, é o mais comprido do corpo humano. Em uma pessoa de 1,80 m, ele tem cerca de 50 cm.

O menor!
O menor osso do corpo humano é o estribo, um dos três ossinhos que temos no ouvido. Ele mede de 2,6 a 3,4 mm.

Você sabia?
Apesar de o exterior dos ossos serem duros, seu interior é leve e mole. Esse tecido é composto por 75% de água.

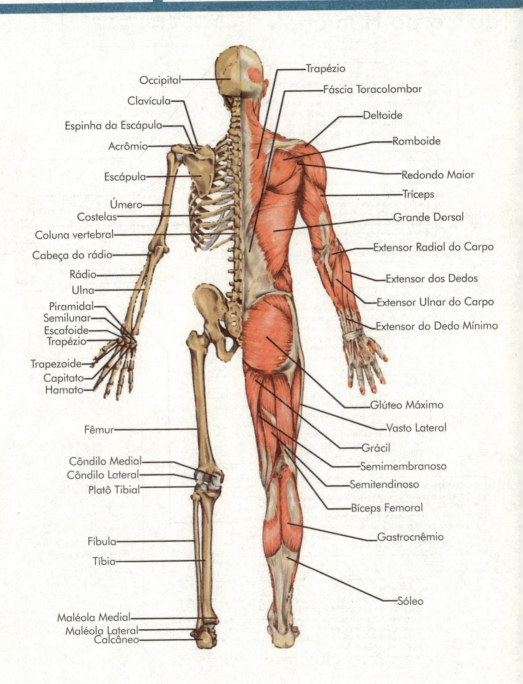

INTRODUÇÃO

Conheça os principais Órgãos do Corpo Humano

ESÔFAGO
É um canal musculomembranoso que liga a faringe ao estômago. Através de contrações involuntárias, resultantes dos movimentos peristálticos, controladas pelo sistema nervoso autônomo, o esôfago faz com que o bolo alimentar chegue até o estômago.

FÍGADO
É considerada a maior glândula do corpo humano. Anexo ao tubo digestivo, localiza-se no lado direito do abdômen, sob o diafragma. Realiza sínteses e transformações complexas de diversas substâncias, como a secreção de bile e transformação de glicogênio em glicose. Pode ser dividido em dois lobos, sendo o direito bem maior que o esquerdo.

ESTÔMAGO
Órgão oco do tubo digestivo, situado abaixo do diafragma, entre o esôfago e o duodeno. É onde os alimentos são depositados, pré-digeridos e esterilizados antes de serem enviados ao intestino, para ali serem absorvidos. Possui duas válvulas ou esfíncteres, que mantêm o conteúdo do órgão em seu interior.

VESÍCULA BILIAR
A vesícula biliar é um órgão do sistema digestivo em formato de bexiga de paredes delgadas. Localizada abaixo do lobo direito do fígado. Sua função é armazenar a bile, líquido produzido pelo fígado que atua na digestão de gorduras no intestino.

PÂNCREAS
O pâncreas é uma glândula localizada no abdômen, atrás do estômago e entre o duodeno e o baço, que integra os sistemas digestivo e endócrino. Ele é tanto exócrino (secretando suco pancreático, que contém enzimas digestivas) quanto endócrino (produzindo muitos hormônios importantes, como insulina, glucagon e somatostatina).

INTESTINO GROSSO
O intestino grosso é a parte final do tubo digestivo. Mede cerca de um metro e meio de comprimento. Possui uma rica flora bacteriana. É responsável pelo importante processo de absorção do sódio e da água, o que determina a consistência do bolo fecal, armazenagem temporária dos resíduos e eliminação de resíduos do corpo através do ânus.

APÊNDICE
O apêndice cecal é uma pequena extensão tubular terminada em fundo cego, localizado no ceco, primeira porção do intestino grosso. Situa-se na região inferior direita do abdômen e faz parte do sistema digestório. É um órgão linfático dotado por grande quantidade de glóbulos brancos, responsáveis pela defesa do organismo.

CÉREBRO
É o principal órgão do sistema nervoso humano, que controla praticamente todas as atividades do corpo, sendo cada região responsável por uma ou mais funções. Localiza-se na cabeça e é protegido pelo crânio.

LARINGE
A laringe é um órgão composto por cartilagens, músculos e membranas que conecta a faringe à traqueia. Exerce função respiratória e fonatória, sendo responsável pela produção de som uma vez que contém as cordas vocais.

CORAÇÃO
Órgão muscular oco, na cavidade torácica, que recebe o sangue das veias e o bombeia para dentro das artérias. Apoia-se sobre o diafragma e se situa entre os dois pulmões. É dividido em duas partes: direito ou venoso, e esquerdo ou arterial. Cada metade contém uma câmara receptora (aurícula) e uma câmara ejetora (ventrículo).

PULMÕES
Principal órgão do sistema respiratório, promove as trocas gasosas, fornecendo oxigênio a todo o corpo e eliminando gás carbônico. Os dois situam-se dentro da caixa torácica. Juntamente com o diafragma e os músculos intercostais, os pulmões funcionam como um fole, inspirando e expirando o ar.

BAÇO
É o maior órgão do sistema linfático (que ajuda na defesa do organismo) humano. Situa-se à esquerda do estômago e acima do rim esquerdo. Sua função é destruir os glóbulos vermelhos inúteis e liberar a hemoglobina que se converterá em bilirrubina no fígado. Tem importante função imunológica de produção de anticorpos e proliferação de linfócitos ativados, protegendo contra infecções.

RINS
Cada um destes dois órgãos do corpo humano se situa na área posterior do abdômen, na região lombar. Eles fazem parte do sistema excretor, pois filtram e excretam os dejetos presentes no sangue através da urina, regulando também a pressão arterial.

INTESTINO DELGADO
É a parte do tubo digestivo que vai do estômago até o intestino grosso. Mede cerca de quatro metros de comprimento e se acomoda, enovelado, na cavidade abdominal. É onde se obtém o produto final da digestão.

BEXIGA URINÁRIA
Órgão muscular elástico e oco que faz parte do sistema urinário, aparelho responsável por produzir, armazenar e eliminar a urina. Situa-se na parte anterior da cavidade pélvica. O sistema nervoso autônomo parassimpático é o responsável pela contração da musculatura da bexiga. A capacidade média da bexiga de um adulto é de 700 a 800 ml.

CAPÍTULO 2

SISTEMA CIRCULATÓRIO

Já parou para pensar como o sangue circula em seu corpo? Que órgão dá o *start* para este sistema funcionar? Como são transportados os nutrientes, gases e hormônios para as células? Descubra tudo isso neste capítulo

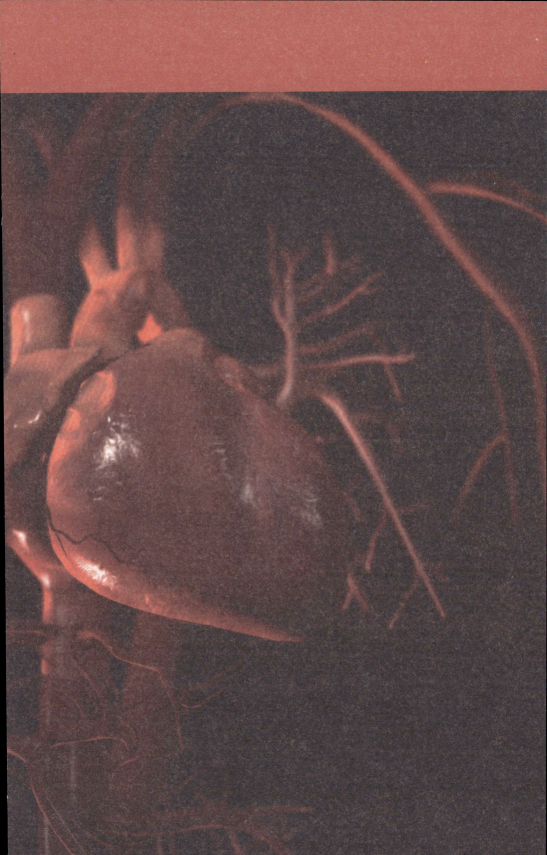

SISTEMA CIRCULATÓRIO

O QUE SEU CORAÇÃO FAZ POR VOCÊ!

Estima-se que 7,6 milhões de pessoas morrem por ano devido a doenças cardiovasculares, como AVC (acidente vascular cerebral), derrame, infarto do miocárdio, entre outras. No Brasil, 300 mil pessoas morrem anualmente, ou seja, um óbito a cada dois minutos é causado por esse tipo de enfermidade. Por tudo isso, o sistema circulatório ou cardiovascular merece tanta atenção de médicos e pesquisadores de todo o mundo

Por Aline Ribeiro • Fotos Shutterstock

O sistema circulatório humano é responsável pela circulação do sangue por todo o corpo, permitindo o transporte e a distribuição de nutrientes, gases e hormônios para as células. O sangue também transporta resíduos do metabolismo, como o gás carbônico, para que possam ser eliminados do corpo. Por meio da circulação, o corpo é capaz de se defender contra doenças, regular a temperatura, estabilizar o pH e manter a homeostase. O sistema cardiocascular faz a comunicação entre os diversos tecidos do corpo sendo composto pelo coração, vasos sanguíneos (artérias, veias e vasos capilares) e pelo sangue.
No percurso completo, o sangue passa duas vezes pelo coração. Esses circuitos são chamados de Pequena Circulação e Grande Circulação.

Curiosidade
O comprimento de todas as artérias, veias e capilares de um adulto, de ponta a ponta, ocupa cerca de 100 mil quilômetros.

Fato
Nosso coração bate, em média, 38 milhões de vezes ao ano!

Fique atento

Embora o pulmão desempenhe um papel fundamental no sistema circulatório, o órgão pertence ao sistema respiratório.

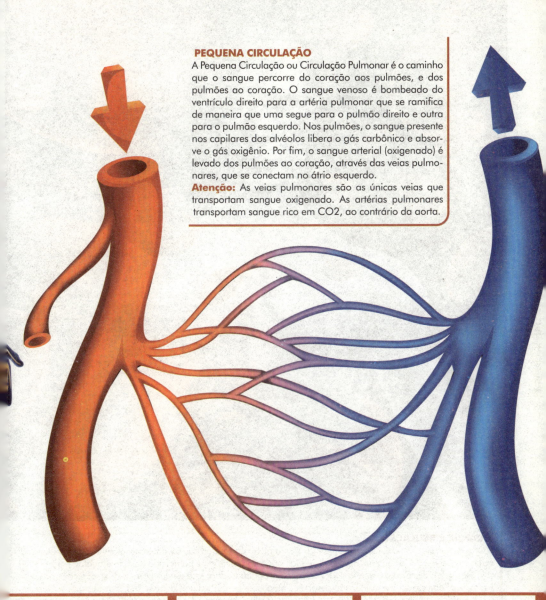

PEQUENA CIRCULAÇÃO

A Pequena Circulação ou Circulação Pulmonar é o caminho que o sangue percorre do coração aos pulmões, e dos pulmões ao coração. O sangue venoso é bombeado do ventrículo direito para a artéria pulmonar que se ramifica de maneira que uma segue para o pulmão direito e outra para o pulmão esquerdo. Nos pulmões, o sangue presente nos capilares dos alvéolos libera o gás carbônico e absorve o gás oxigênio. Por fim, o sangue arterial (oxigenado) é levado dos pulmões ao coração, através das veias pulmonares, que se conectam no átrio esquerdo.

Atenção: As veias pulmonares são as únicas veias que transportam sangue oxigenado. As artérias pulmonares transportam sangue rico em CO2, ao contrário da aorta.

Fique por dentro!

Embora as veias, às vezes, pareçam azuis por meio da pele, o sangue não é vermelho, e não azul!

Cuide-se!

O estresse pode implicar no enfraquecimento temporário súbito do músculo do coração (o miocárdio).

Curiosidade

O coração ainda pode bater depois de ser removido do corpo. Essa pulsação ocorre porque o coração gera os seus próprios impulsos elétricos.

SISTEMA CIRCULATÓRIO

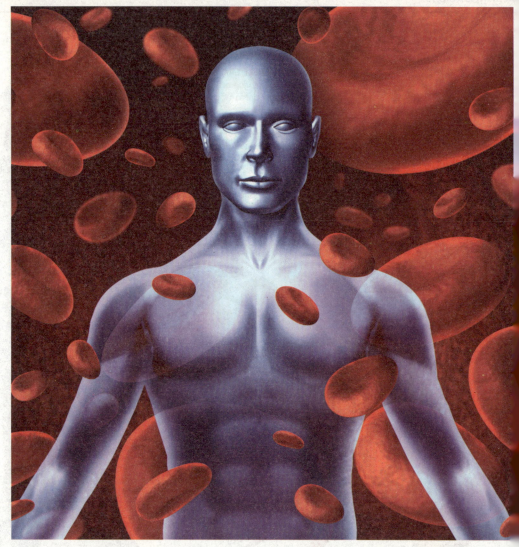

GRANDE CIRCULAÇÃO
A Grande Circulação ou Circulação Sistêmica é o caminho do sangue que sai do coração até as demais células do corpo, e vice-versa. No coração, o sangue arterial, vindo dos pulmões, é bombeado do átrio esquerdo para o ventrículo esquerdo e deste para a artéria aorta, responsável por transportar esse sangue para os diversos tecidos do corpo. Assim, quando esse sangue oxigenado chega aos tecidos, os vasos capilares refazem as trocas dos gases: absorvem o gás oxigênio e liberam o gás carbônico, tornando o sangue venoso. Por fim, o sangue venoso faz o caminho de volta ao coração e chega ao átrio direito pelas veias cavas superiores e inferiores, completando o sistema circulatório. Pelo lado direito do nosso coração, só passa sangue não oxigenado e, pelo lado esquerdo, só passa sangue oxigenado, não havendo a mistura desses dois tipos de sangue. As células que recebem oxigênio conseguem transformar em energia uma quantidade de alimentos capaz de fornecer o calor necessário ao corpo humano, mantendo a temperatura média de 36,5º C. . O ventrículo esquerdo é a parte mais forte do coração, pois é ele que envia o sangue para a aorta para ser distribuído na grande circulação.

Vasos sanguíneos, sangue e coração
Principais componentes do Sistema Circulatório

São tecidos ou órgãos em forma de tubo que se ramificam por todo o organismo por onde circula o sangue. Existem três tipos de vasos: as artérias, as veias e os capilares sanguíneos. As artérias, arteríolas, veias e capilares sanguíneos, em conjunto, têm o comprimento de 160.000 km.

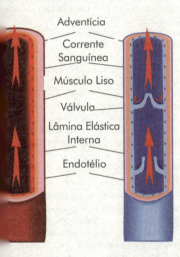

ARTÉRIA   VEIA

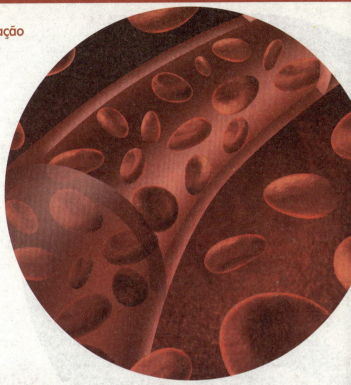

ARTÉRIAS

São tubos cilíndricos e elásticos que transportam sangue oxigenado do coração para o restante do corpo, exceto para os pulmões. Apresentam uma coloração vermelha, podendo ser confundidas com tecidos vizinhos. Os seus batimentos são notados pela palpação. As artérias podem apresentar quatro tipos diferentes de calibre: de grande calibre (7 mm), médio (2,5 a 7mm), pequeno (0,5 a 2,5 mm) e arteríolas (menor que 0,5 mm). A artéria principal é chamada aorta e está conectada ao ventrículo esquerdo. É a partir dela que surgem as demais artérias, responsáveis pelo transporte do sangue oxigenado. As artérias possuem elasticidade para manter o fluxo sanguíneo constante. O número de artérias que irrigam certos órgãos é variado. Geralmente, um órgão ou uma estrutura recebe sangue de mais de uma artéria. Elas podem ser superficiais ou profundas. As superficiais originam da artéria muscular e se destinam à pele, sendo de calibre reduzido e distribuição irregular. Já as profundas são a grande maioria e encontram-se bem protegidas. Quando artérias, veias e nervos estão juntos, o conjunto destas estruturas recebe o nome de feixe vásculo nervoso. O sangue oxigenado é transportado pelas artérias em alta pressão. Por isso, quando sofremos algum tipo de acidente e uma artéria é atingida, o sangue, ao invés de escorrer, esguicha. Cada jorrada de sangue equivale a uma pulsação cardíaca.

Anatomicamente, as artérias possuem três camadas chamadas de túnica. A túnica adventícia é externa e formada de tecido conjuntivo. As grandes artérias ainda possuem filetes nervosos e vasculares, responsáveis por sua inervação e irrigação, respectivamente. A túnica média possui musculatura lisa e tecido elástico. Já a túnica íntima, que tem contato com o sangue, possui membrana basal e células endoteliais.

Coleção Corpo Humano - 33

SISTEMA CIRCULATÓRIO

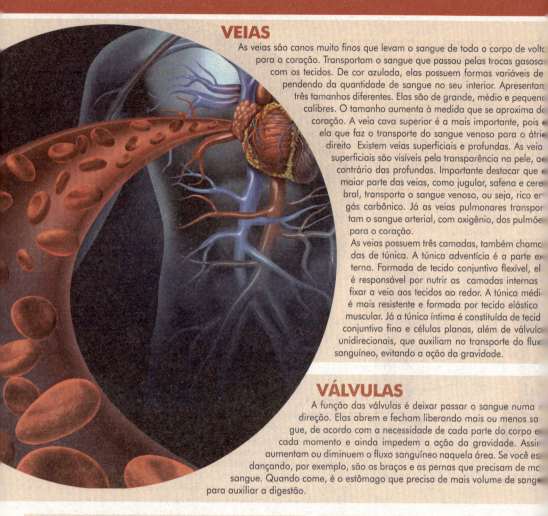

VEIAS

As veias são canos muito finos que levam o sangue de todo o corpo de volta para o coração. Transportam o sangue que passou pelas trocas gasosas com os tecidos. De cor azulada, elas possuem formas variáveis dependendo da quantidade de sangue no seu interior. Apresentam três tamanhos diferentes. Elas são de grande, médio e pequeno calibres. O tamanho aumenta à medida que se aproxima do coração. A veia cava superior é a mais importante, pois é ela que faz o transporte do sangue venoso para o átrio direito Existem veias superficiais e profundas. As veias superficiais são visíveis pela transparência na pele, ao contrário das profundas. Importante destacar que a maior parte das veias, como jugular, safena e cerebral, transporta o sangue venoso, ou seja, rico em gás carbônico. Já as veias pulmonares transportam o sangue arterial, com oxigênio, dos pulmões para o coração.

As veias possuem três camadas, também chamadas de túnica. A túnica adventícia é a parte externa. Formada de tecido conjuntivo flexível, ela é responsável por nutrir as camadas internas fixar a veia aos tecidos ao redor. A túnica média é mais resistente e formada por tecido elástico muscular. Já a túnica íntima é constituída de tecido conjuntivo fino e células planas, além de válvulas unidirecionais, que auxiliam no transporte do fluxo sanguíneo, evitando a ação da gravidade.

VÁLVULAS

A função das válvulas é deixar passar o sangue numa direção. Elas abrem e fecham liberando mais ou menos sangue, de acordo com a necessidade de cada parte do corpo e cada momento e ainda impedem a ação da gravidade. Assim aumentam ou diminuem o fluxo sanguíneo naquela área. Se você está dançando, por exemplo, são os braços e as pernas que precisam de mais sangue. Quando come, é o estômago que precisa de mais volume de sangue para auxiliar a digestão.

CAPILARES

Os capilares sanguíneos são tubos muito finos que fazem a ligação da circulação arterial (rica em oxigênio) à venosa (rica em gás carbônico). Encontram-se entre as artérias e as veias. São responsáveis pelas trocas entre o sangue e tecidos. A sua distribuição é quase universal no corpo humano. Alguns tecidos ou órgãos não possuem capilares como a cartilagem hialina, a epiderme, a córnea e a lente.

Para entender melhor

Ao compararmos artérias com veias, podemos afirmar que as artérias possuem paredes musculares mais grossas em relação às veias. Já os capilares possuem paredes ainda mais finas que as veias, o que permite a oxigenação das células. Outra diferença entre artérias e veias está no seu interior. Enquanto as artérias possuem paredes lisas, as veias possuem válvulas que auxiliam no transporte do sangue de volta ao coração.

VARIZES

Mais comum na região das pernas e pés, as varizes são veias dilatadas e retorcidas. Com maior incidência entre as mulheres, os sintomas são dores, inchaço sensação de queimação nos locais atingidos. As varizes podem ter origem primária, determinadas pela genética, ou secundárias, quando causadas por doença. Nestes casos, há danos às válvulas venosas, que não conseguem executar sua tarefa corretamente, causando refluxo sanguíneo. Varizes graves podem causar diversos problemas, como infecções, úlceras e embolia pulmonar. O tratamento varia de acordo com a gravidade e profundidade da veia, mas em casos mais graves recomendada a extração cirúrgica de parte da veia, fim de melhorar a circulação sanguínea.

SANGUE

Através do bombeamento feito pelo coração, o sangue circula em todo o corpo pelas artérias, veias e capilares. Vermelho e viscoso, o sangue é considerado um tecido líquido que exerce papel fundamental no sistema circulatório. É pela corrente sanguínea que oxigênio, nutrientes e hormônios chegam às células, este chamado de sangue arterial. Da mesma forma, o sangue venoso transporta as sobras das atividades celulares, como o gás carbônico produzido na respiração celular.

Empurrado pelo ventrículo direito, o sangue é bombeado para a artéria pulmonar rumo aos pulmões para receber oxigênio, de onde retorna ao coração. Impelido pelo ventrículo esquerdo, através da artéria aorta, o sangue é bombeado para todos os sistemas corporais, de onde novamente retorna ao coração através da veia pulmonar. O trajeto até o pulmão é chamado de circulação pulmonar e o outro trajeto chamado de circulação sistêmica. O sangue vindo das diversas partes do corpo chega ao átrio direito do coração por duas grandes veias cavas. Uma traz o sangue que irrigou a cabeça, os braços e a parte superior do tronco. E a outra, o sangue que irrigou as partes inferiores. Do átrio direito, o sangue passa para o ventrículo direito, onde é bombeado para a artéria pulmonar. Esta se divide em duas, que levam o sangue para os pulmões. Depois de oxigenado nos pulmões, o sangue retorna ao coração pelas veias pulmonares. Na sequência vai para o átrio esquerdo, que, por sua vez, passa para o ventrículo esquerdo que manda o sangue para a artéria aorta. Então, ela repassa o sangue para todo o restante do corpo. O sangue se divide em sangue limpo e sangue sujo. O sangue limpo é rico em oxigênio, que faz as células funcionarem, enquanto o sangue sujo é rico em gás carbônico, que traz os resíduos liberados pelas células.

O sangue é composto por plasma, hemácias, leucócitos e plaquetas. O plasma corresponde a 55% do total, tem coloração amarelada e possui 90% de água, além de proteínas e sais minerais. Outros 40% do sangue são hemácias, os glóbulos vermelhos, que contém ferro. Já as plaquetas representam 3,5%, são células responsáveis pela coagulação e por estancar sangramentos. Os 1,5% restantes são leucócitos, os glóbulos brancos, que ajudam na defesa do organismo em casos de infecções. Um adulto possui cerca de cinco litros de sangue no organismo.

CORRENTE SANGUÍNEA

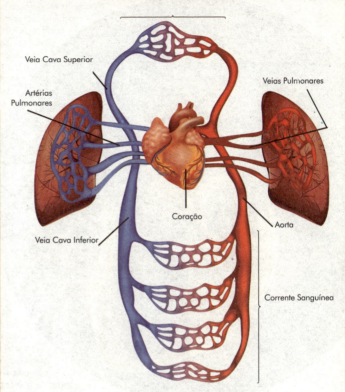

O CAMINHO DO SANGUE NO CORPO

Empurrado pelo ventrículo direito, o sangue é bombeado para a artéria pulmonar rumo aos pulmões para receber oxigênio, de onde retorna ao coração. Impelido pelo ventrículo esquerdo, através da artéria aorta, o sangue é bombeado para todos os sistemas corporais, de onde novamente retorna ao coração através da veia pulmonar. O trajeto até o pulmão é chamado de circulação pulmonar e o outro trajeto chamado de circulação sistêmica.

O sangue vindo das diversas partes do corpo chega ao átrio direito do coração por duas grandes veias cavas. Uma traz o sangue que irrigou a cabeça, os braços e a parte superior do tronco. E a outra, o sangue que irrigou as partes inferiores.

Do átrio direito, o sangue passa para o ventrículo direito, onde é bombeado para a artéria pulmonar. Esta se divide em duas, que levam o sangue para os pulmões. Depois de oxigenado nos pulmões, o sangue retorna ao coração pelas veias pulmonares. Na sequência vai para o átrio esquerdo, que, por sua vez, passa para o ventrículo esquerdo que manda o sangue para a artéria aorta. Então, ela repassa o sangue para todo o restante do corpo.

O sangue se divide em sangue limpo e sangue sujo. O sangue limpo é rico em oxigênio, que faz as células funcionarem, enquanto o sangue sujo é rico em gás carbônico, que traz os resíduos liberados pelas células.

SISTEMA CIRCULATÓRIO

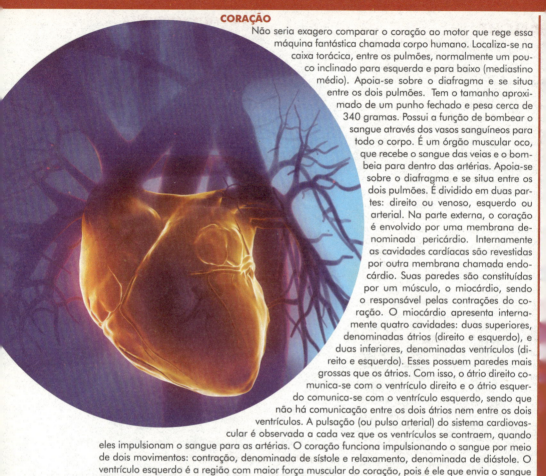

CORAÇÃO

Não seria exagero comparar o coração ao motor que rege essa máquina fantástica chamada corpo humano. Localiza-se na caixa torácica, entre os pulmões, normalmente um pouco inclinado para esquerda e para baixo (mediastino médio). Apoia-se sobre o diafragma e se situa entre os dois pulmões. Tem o tamanho aproximado de um punho fechado e pesa cerca de 340 gramas. Possui a função de bombear o sangue através dos vasos sanguíneos para todo o corpo. É um órgão muscular oco, que recebe o sangue das veias e o bombeia para dentro das artérias. Apoia-se sobre o diafragma e se situa entre os dois pulmões. É dividido em duas partes: direito ou venoso, esquerdo ou arterial. Na parte externa, o coração é envolvido por uma membrana denominada pericárdio. Internamente as cavidades cardíacas são revestidas por outra membrana chamada endocárdio. Suas paredes são constituídas por um músculo, o miocárdio, sendo o responsável pelas contrações do coração. O miocárdio apresenta internamente quatro cavidades: duas superiores, denominadas átrios (direito e esquerdo), e duas inferiores, denominadas ventrículos (direito e esquerdo). Esses possuem paredes mais grossas que os átrios. Com isso, o átrio direito comunica-se com o ventrículo direito e o átrio esquerdo comunica-se com o ventrículo esquerdo, sendo que não há comunicação entre os dois átrios nem entre os dois ventrículos. A pulsação (ou pulso arterial) do sistema cardiovascular é observada a cada vez que os ventrículos se contraem, quando eles impulsionam o sangue para as artérias. O coração funciona impulsionando o sangue por meio de dois movimentos: contração, denominada de sístole e relaxamento, denominada de diástole. O ventrículo esquerdo é a região com maior força muscular do coração, pois é ele que envia o sangue para a aorta para ser distribuído na circulação sistêmica.

MARCA-PASSO

Algumas cardiopatias interferem no ritmo das batidas do coração. Para corrigir o problema, existe o marca-passo, um aparelho inserido cirurgicamente para aumentar ou diminuir a frequência de batimentos, dependendo do caso. Implantado abaixo da clavícula, ele é composto por f (eletrodo) e um gerador. Normalmente são utilizado dois eletrodos, que fixam-se ao endocárdio. O gerado fica abaixo da pele e envia impulsos elétricos artifici programados aos eletrodos, tornando estável a frequê cia cardíaca.

Curiosidade
O coração da mulher bate 78 vezes por minuto, ou seja, tem oito batidas/minuto a mais em comparação com o coração masculino.

Fato
O coração gera seu próprio impulso elétrico, independentemente da função cerebral.

Curiosidade
Os sangues venoso e arterial não podem se misturar. Por isso, existe uma 'parede' que divide o coração ao meio chamada septo interventricular. Sua má formação congênita ocasiona uma doença chamada comunicação interventricular (CIV), uma espécie de 'buraco' no septo que faz com que o sangue oxigenado também vá para os pulmões. O buraco pode se fechar sozinho com o tempo mas, em muitos casos, a cirurgia é recomendada.

PRESSÃO ARTERIAL

Um dos mais importantes índices de saúde cardiovascular, a pressão arterial é composta pela pressão sistólica e diastólica, ou seja, a variação da pressão durante o movimento cardíaco. É durante a sístole que há o envio de sangue para as artérias, por isso a pressão aumenta. O ideal é que esteja 12 por 8, respectivamente. A hipertensão, pressão arterial acima do ideal, atinge cerca de 30% da população adulta e 50% das pessoas acima de 60 anos. A Sociedade Brasileira de Hipertensão (SBH) estima que apenas 23% dos brasileiros com pressão alta controlem a doença corretamente e 36% não fazem nenhum tipo de controle. O restante abandona o tratamento após melhora do quadro.
A SBH ainda faz o alerta: enquanto houve queda de 30,8% nas taxas de morte por doença cardiovascular, o índice de morte causada por hipertensão aumentou 13,2% de 2005 a 2015. A hipertensão prejudica principalmente os vasos que, internamente, possuem uma camada muito delicada, que pode ser danificada com a passagem de sangue em alta pressão. Consequentemente, eles tornam-se mais rígidos e estreitos, aumentando o risco de entupimento ou rompimento.

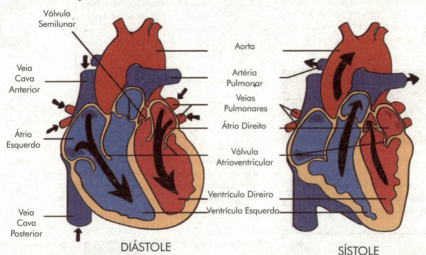

ANATOMIA DO CORAÇÃO

Pericárdio: membrana que reveste o exterior do coração.
Endocárdio: mucosa mais interna que reveste o interior do coração.
Miocárdio: músculo situado entre o pericárdio e o endocárdio, que possui funcionamento autônomo e involuntário, assegurando a circulação sanguínea.
Átrio: a primeira câmara superior de cada lado do coração, acima dos ventrículos. É por onde o sangue chega ao coração; aurícula.
Ventrículo: câmaras inferiores por onde o sangue sai do coração.
Aorta: Maior e mais importante artéria do sistema circulatório do corpo humano. Dela se derivam todas as outras artérias do organismo, com exceção da artéria pulmonar. A aorta se inicia no coração, na base do ventrículo esquerdo, e termina à altura da quarta vértebra lombar, onde se divide nas artérias ilíacas comuns. Ela leva sangue oxigenado para todas as partes do corpo através da circulação sistêmica.
Artéria Pulmonar: o tronco da artéria pulmonar começa na base do ventrículo direito do coração. Ele é pequeno e largo – aproximadamente 5 cm de comprimento e 3 cm de diâmetro. Ele se ramifica em duas artérias pulmonares (esquerda e direita), que levam sangue pobre em oxigênio para o pulmão correspondente. Elas são as únicas artérias (além das artérias umbilicais) que transportam sangue pobre em oxigênio (sangue venoso).
Veia Pulmonar: são vasos sanguíneos que carregam sangue rico em oxigênio dos pulmões até o átrio esquerdo do coração. Elas são as únicas veias da circulação pós-fetal do corpo humano que carregam sangue oxigenado (vermelho).
Veia Cava: são duas, a superior e a inferior. São as veias que retornam o sangue do corpo (pobre em oxigênio) em direção ao átrio direito do coração.
Válvula Tricúspide: impede o refluxo de sangue do átrio direito para o ventrículo direito.
Válvula Mitral: impede o refluxo de sangue do átrio esquerdo para o ventrículo esquerdo.
Nodo atrioventricular: ou nodo de Aschoff-Tawara, é uma área de tecido especializado entre os átrios e ventrículos do coração, que conduz impulso elétrico do átrio em direção aos ventrículos.
Nodo sinoatrial: ou nó sinusal. Situa-se no átrio direito com a veia cava superior. Este nó ou nodo envia um estímulo elétrico pelos feixes internodais até o nodo ou nó atrioventricular (NAV).

SISTEMA CIRCULATÓRIO

15 CURIOSIDADES SOBRE O CORAÇÃO

1 O coração bate em média 72 vezes por minuto e 104 mil por dia!

2 O coração bombeia 85 gramas de sangue a cada batida. Em um minuto, lança 5 litros de sangue no corpo; em uma hora, 400 litros, o que equivale a mais de 9 mil litros por dia.

3 Além de fazer com que o sangue circule pelo corpo, o coração também precisa de sangue para seu próprio funcionamento.

4 Num embrião humano, o coração começa a bater após 21 dias da concepção. Nesta fase, bate de 70 a 80 vezes por minuto (batimento cardíaco próximo ao da mãe).

5 O coração dos recé-nascidos bate 1... vezes por minuto. ... dos fetos é ainda m... rápido: atinge as 1... batidas por minuto. A... quatro meses de vi... o coração humano bombeia 30 litros ... sangue por dia.

6 Se contar a energia gerada pelo coração durante uma vida inteira, daria para o homem dirigir até a Lua e voltar à Terra.

7 A parada cardíaca ocorre quando o coração para de funcionar. Nessa condição, ele deixa de exercer a função de bomba, inviabilizando a circulação de sangue para o organismo.

8 O coração do ser humano distribui sangue para 75 trilhões de células de todo o corpo.

9 O horário de maior incidência de ataques cardíacos é das 6 da manhã até o meio-dia. Ao despertar e iniciar as atividades do dia, a pressão arterial de todas as pessoas aumenta – o fato é comum e conhecido. Para pessoas hipertensas, esta ascensão da pressão pode provocar infartos fatais. Em torno de 40 a 60% dos pacientes infartados sofrem de hipertensão.

10 Em repouso, uma pessoa tem o sangue bombeado pelo coração, por todo corpo, em aproximadamente 50 segundos.

11 Os batimentos cardíacos oc... rem a partir de estímulos elé... cos. É no nó sinusal (espécie ... marca-passo natural) que t... origem este estímulo elétr... que faz bater nosso coração

12 Durante o beijo, o coração chega a bater 150 vezes por minuto, liberando mais sangue do que o normal.

13 O primeiro transplante de coraç... do mundo ocorreu em 1967 n... África do Sul. No Brasil, o prime... ro transplante ocorreu em 196... – apenas seis meses após a exp... riência sul-africana.

14 Pesquisas comprovam que rir faz bem ao coração, uma vez que o riso ajuda a diminuir estados de tensão, diminui a pressão sanguínea, aumenta a produção de endorfina (hormônio ligado ao relaxamento), e diminui a produção de adrenalina e cortisol, hormônios causadores de estresse.

15 Segundo a Federação Mundial ... Coração, a previsão é de que ... 2030 a quantidade de mortes ... problemas cardíacos chegue a 23 ... lhões por ano, número maior do ... toda a população da Austrália.

Você sabia?

Há relatos de métodos de ressuscitação cardíaca desde a Grécia Antiga, por volta de 200 a.C. No entanto, a reanimação cardiorrespiratória (RCP), método difundido para prestação de primeiros socorros em casos de paradas cardiorrespiratórias, começou a ganhar forma apenas em 1960. Depois de alguns anos, a respiração boca a boca aperfeiçoou a técnica de massagem torácica que hoje é conhecida como RCP.

QUATRO DOENÇAS CARDIOVASCULARES QUE MAIS MATAM NO BRASIL

1. Infarto agudo do miocárdio

Popularmente conhecido por ataque cardíaco, é provocado pela falta de sangue e oxigênio no músculo cardíaco, de magnitude e duração suficiente para não ser compensado pelas reservas orgânicas. Ocorre devido à obstrução da artéria coronária. Os sintomas são: dor no peito, sudorese, falta de ar e mal estar. Ao sinal dos primeiros sintomas, a busca por ajuda é crucial, pois a cada minuto que passa o risco de óbito aumenta em 10%.

2. Doença vascular periférica

Decorre do depósito de gordura com obstrução das artérias periféricas do corpo. Nos membros inferiores, por exemplo, ocorre redução do fluxo de sangue para as pernas, com queixas de dor e de dificuldade para caminhar associadas à queda da temperatura local com dormência. O sintoma mais comum da doença vascular periférica é uma dor que piora com o caminhar e passa com o repouso. Também podem ocorrer os seguintes sintomas nas pernas: retesamento, cãibras, sensação de peso e fraqueza. Em algumas situações, os pacientes que sofrem de doença vascular periférica podem desenvolver feridas ou úlceras que não saram nos pés e/ou nas pernas.

3. Acidente vascular cerebral

O acidente vascular cerebral (AVC) vulgarmente chamado de derrame cerebral é caracterizado pela perda rápida de função neurológica, decorrente do entupimento (isquemia) ou rompimento (hemorragia) de vasos sanguíneos cerebrais. As placas de gordura depositadas nos vasos sanguíneos cerebrais podem obstruir um vaso cerebral intracraniano, levando ao quadro de dor de cabeça, tontura e paralisia de um braço, uma perna ou da face. Dependendo da extensão da lesão, pode comprometer a fala e os processos neurológicos. O socorro imediato pode diminuir as sequelas e a chance de óbito.

4. Morte súbita

Compreende o quadro de óbito de forma súbita, ou seja, quando não há chance de socorro, sendo causado, principalmente, pelo infarto agudo do miocárdio.

Incrível
Durante o período de 1 ano, o coração bombeia 262.800 litros de sangue, o que daria 26,5 caminhões-tanques de 10 mil litros.

Cuide-se!
Dos 3.439 infartados, atendidos no Incor (Instituto do Coração), nos últimos dez anos, 479 tinham 50 anos ou menos.

Você sabia?
No Brasil, o primeiro transplante ocorreu em 1968 – apenas seis meses após a experiência sul-africana.

SISTEMA CIRCULATÓRIO

CORAÇÃO SAUDÁVEL

O Ministério da Saúde estima que 31,8% dos óbitos no Brasil sejam provocados por doenças cardiovasculares, tornando esta a principal causa de morte entre a população brasileira. Preocupado com a saúde cardíaca da população brasileira, o Instituto do Coração (Incor-HCFMUSP), de São Paulo, lançou uma cartilha chamada "Como Cuidar de Seu Coração" (disponível no site do Instituto: www.incor.usp.br), elaborada pelo Serviço de Nutrição e Dietética com a colaboração da equipe multiprofissional. Nela, diversos profissionais de saúde reuniram-se para dar várias dicas dos cuidados para se manter uma vida saudável e evitar as doenças cardiovasculares.

Na cartilha, o Incor aponta como os principais fatores de risco para o coração.
* Colesterol Alto
* Cigarro
* Diabetes
* Pressão Alta
* Obesidade (principalmente acúmulo de gordura na barriga)
* Falta de Exercício Físico
* Alimentação Inadequada
* Estresse
* Depressão

CONHEÇA OS TRÊS TIPOS DE INFARTO

O infarto é uma necrose de parte do músculo cardíaco causada por obstrução na artéria coronária, que resulta na falta de irrigação sanguínea.

Obstrução por gordura ocorre quando placas de gordura aderem à artéria aos poucos, até que não há mais espaço para a passagem sanguínea. Pessoas que tem doenças crônicas, como diabetes, hipertensão e colesterol alto, além de obesos e fumantes são mais propensas a sofrê-la.

Obstrução por coágulo É quando um coágulo sanguíneo obstrui as artéria; uma trombose no coração. Problemas emocionais, como depressão e estresse, além de fatores genéticos contribuem para sua ocorrência.

Obstrução brusca As paredes arteriais se juntam bruscamente, impedindo a passagem do sangue. Pessoas com problemas emocionais, fatores genéticos e usuários de drogas como cocaína e crack são as vítimas mais frequentes.

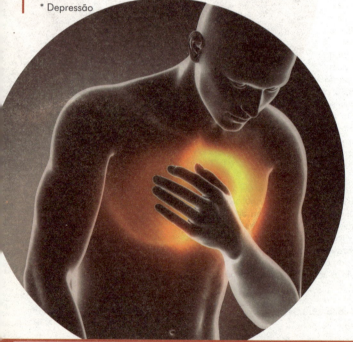

Atenção!
Segundo as estimativas da Federação Mundial do Coração, 17,3 milhões de pessoas morrem de problemas cardíacos por ano no mundo.

Você sabia?
O tempo de retirada do coração de um doador de órgãos que teve morte encefálica nunca pode ultrapassar quatro horas.

Lembre-se!
O coração apenas bombeia o sangue. Os responsáveis pela filtragem são os rins.

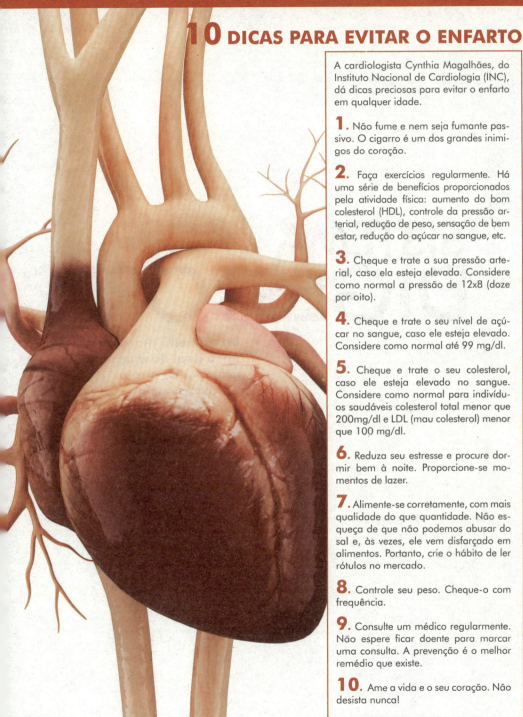

10 DICAS PARA EVITAR O ENFARTO

A cardiologista Cynthia Magalhães, do Instituto Nacional de Cardiologia (INC), dá dicas preciosas para evitar o enfarto em qualquer idade.

1. Não fume e nem seja fumante passivo. O cigarro é um dos grandes inimigos do coração.

2. Faça exercícios regularmente. Há uma série de benefícios proporcionados pela atividade física: aumento do bom colesterol (HDL), controle da pressão arterial, redução de peso, sensação de bem estar, redução do açúcar no sangue, etc.

3. Cheque e trate a sua pressão arterial, caso ela esteja elevada. Considere como normal a pressão de 12x8 (doze por oito).

4. Cheque e trate o seu nível de açúcar no sangue, caso ele esteja elevado. Considere como normal até 99 mg/dl.

5. Cheque e trate o seu colesterol, caso ele esteja elevado no sangue. Considere como normal para indivíduos saudáveis colesterol total menor que 200mg/dl e LDL (mau colesterol) menor que 100 mg/dl.

6. Reduza seu estresse e procure dormir bem à noite. Proporcione-se momentos de lazer.

7. Alimente-se corretamente, com mais qualidade do que quantidade. Não esqueça de que não podemos abusar do sal e, às vezes, ele vem disfarçado em alimentos. Portanto, crie o hábito de ler rótulos no mercado.

8. Controle seu peso. Cheque-o com frequência.

9. Consulte um médico regularmente. Não espere ficar doente para marcar uma consulta. A prevenção é o melhor remédio que existe.

10. Ame a vida e o seu coração. Não desista nunca!

Coleção Corpo Humano - 41

CAPÍTULO 3

SISTEMA
DIGESTÓRIO

Da primeira mordida até o final da digestão, acompanhe a rota percorrida pelos alimentos e como o organismo absorve os nutrientes essenciais

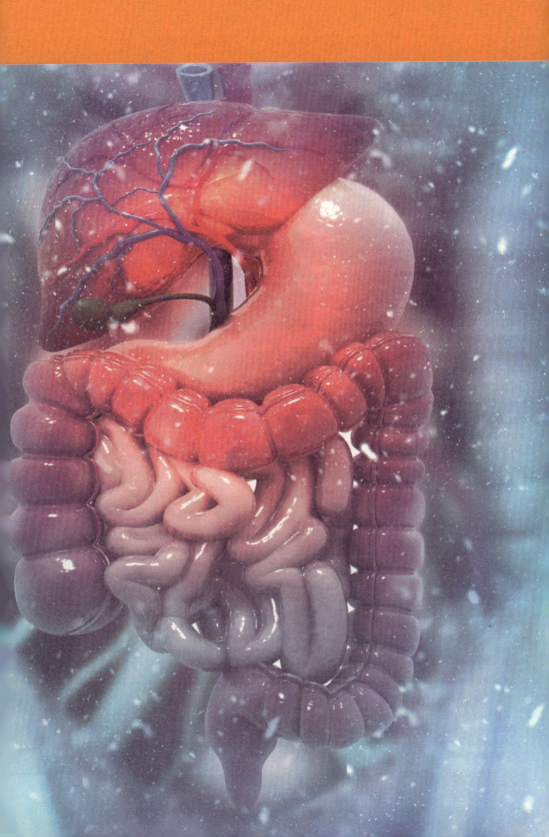

SISTEMA DIGESTÓRIO

ALÉM DOS SABORES

Que a alimentação é importante para o bom funcionamento do organismo já se sabe. Mas como os nutrientes de tudo aquilo que está à mesa são absorvidos é um grande mistério. Ou melhor: era. Descubra este e muitos outros segredos do fenômeno da digestão nas páginas a seguir

Por Evelyn Moreto • Fotos Shutterstock

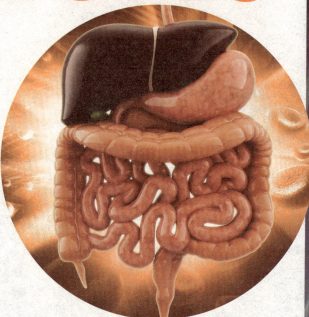

Prepare-se! Embarcaremos em uma longa viagem que acontece diariamente dentro do corpo humano em um trabalho repleto de etapas e segredos, mas que tem um resultado fascinante: é só com o bom funcionamento do sistema digestivo que o organismo recebe os nutrientes necessários para manter-se saudável. A digestão é a conversão do alimento sólido em uma substância apta para ser absorvida e recebida pela corrente sanguínea. Mas sabemos que este trabalho vai muito mais além do que uma simples transformação. São oito órgãos envolvidos, inúmeras glândulas e tantas outras partículas de cada um deles, responsáveis por alimentar as células do organismo. O processo começa na boca e termina no final do tronco, no ânus. O caminho a ser percorrido é longo. Somente no intestino delgado são cerca de quatro metros. Vamos lá?

Curiosidade
A alteração dos alimentos no estômago demora entre três a quatro horas. E os alimentos digeridos demoram três horas para percorrer o intestino delgado.

Fato
Com uma estimativa de vida de 75 anos, podem passar 50 toneladas de alimentos pelo seu tubo digestório.

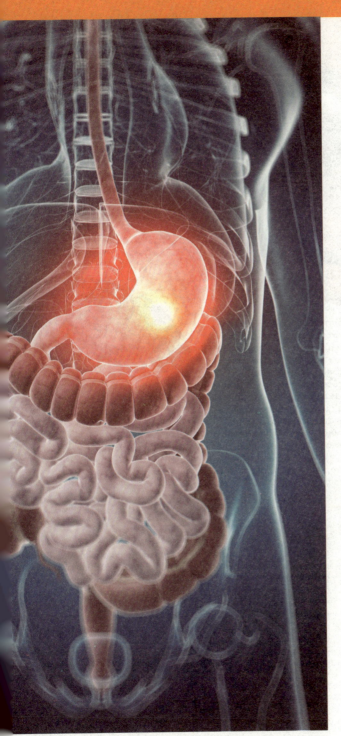

BOCA

A boca é a estrutura do sistema digestório com pH neutro que tem conexão direta com o ambiente externo e, ao mesmo tempo, ao tubo digestório. Formada, principalmente, por dentes, língua e saliva, é também onde acontece a primeira etapa da digestão, a mastigação.

O ato de mastigar consiste em prender, cortar e triturar os alimentos em pequenos pedaços, que, quando misturados à saliva, são transformados no chamado bolo alimentar e passam a ter um aspecto pastoso – consistência que deixa o trabalho a ser feito pelos outros órgãos do sistema muito mais fácil.

Ao mastigarmos, ativamos as glândulas salivares, que aumentam sua produção. A saliva contém a enzima amilase salivar, também conhecida como ptialina, que será responsável pelo início da digestão do carboidrato, principalmente do amido, transformando-o em maltose. A saliva também apresenta a mucina, que auxilia na mastigação e atua como um lubrificante para a deglutição do bolo alimentar.

Segundo o nutrólogo Dr. André Veinert, a mastigação é um processo de extrema importância para a digestão saudável. "Mastigar pouco e consumir os alimentos de forma rápida podem prejudicar a digestão. Além disso, os nutrientes do alimento que são importantes para a saúde não são absorvidos pelo organismo".

Mas, afinal, quantas vezes devemos mastigar? A dúvida recorrente à mesa é mais simples do que se imagina: quantas vezes forem necessárias. Além das características individuais de cada indivíduo, como a idade, o sexo e as características da face, a forma como é o alimento também irá fazer com que a mastigação varie.

Assim, com o alimento bem mastigado, ele pode seguir o seu trajeto, que é facilitado pela capacidade de movimentos dos músculos da língua, que faz o bolo alimentar se locomover pela boca até a faringe.

SISTEMA DIGESTÓRIO

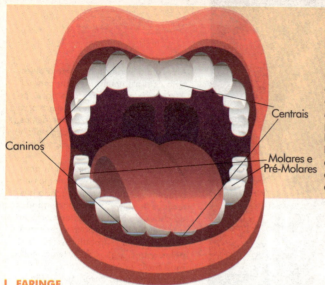

Caninos
Centrais
Molares e Pré-Molares

AFIADOS!

Os 32 dentes trabalham duro para mandar o alimento bem mastigado ao tubo digestório, mas cada um com a sua função.
Os dentes centrais são os primeiros a sentir a comida logo na mordida. São eles que prendem, cortam e começam a triturá-la.
Mas se o alimento é duro, esta é uma função para os quatro caninos, que ficam logo ao lado dos dentes centrais.
E para ser transformado naquela pasta que deixa a digestão muito mais fácil, são os de responsabilidade dos dentes em maior quantidade: molares e pré-molares.

FARINGE

Logo após a boca está a faringe. Em formato de funil, está conectada, mutuamente, a dois sistemas do corpo: o digestório e o respiratório. No digestório, ela serve como caminho de passagem entre a boca e o esôfago, o próximo órgão que trabalha na digestão.
Para que as funções da faringe não se confundam entre os processos dos dois sistemas, durante as refeições, acontece um fenômeno chamado de deglutição: uma de suas cartilagens, a epiglotese fecha, como se fosse uma tampa, para que o alimento não passe para a laringe, órgão respiratório, evitando o engasgo.
Dessa forma, com a epiglote fechada, os músculos da faringe se contraem para empurrar o bolo alimentar até a sua próxima parada.
Você sabia? Ao nascermos, a epiglote não tem tamanho suficiente para desempenhar sua função. Por isso, para que a comida não vá pelo caminho errado, é importante colocar o bebê para arrotar após a mamada.

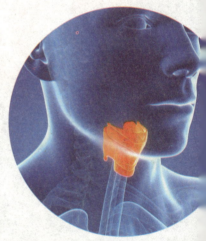

ESÔFAGO

O esôfago é mais um canal de passagem do bolo alimentar. Também chamado de tubo digestório, faz a ligação entre a faringe e o estômago, tem cerca de vinte e cinco centímetros de comprimento e a sua largura varia de acordo com os movimentos feitos pela sua musculatura. Apesar de ser grande, a comida leva apenas, no máximo, 10 segundos para percorrê-lo. Com o bolo alimentar no esôfago, é preciso que o organismo continue trabalhando para levá-lo ao estômago. Mas diferente dos movimentos feitos pela faringe, que são voluntários, nosso cérebro é que manda conscientemente o comando: "Engula". Já no esôfago, que tem musculatura lisa, eles são peristálticos, ou seja, involuntários. Aliás, a partir do esôfago, todo o processo de digestão torna-se involuntário. E sSão esses movimentos que misturam mais uma vez o bolo alimentar e facilitam a sua chegada ao estômago, onde ocorrem os principais processos da digestão.

DIGA NÃO!

Já se sabe que o cigarro não traz nenhum benefício à saúde e, principalmente, à respiração. No sistema digestório não é diferente. A cada tragada, são incontáveis os problemas causados: danifica os dentes, causa halitose, propensão a doenças estomacais, como gastrite e úlcera, aumenta as chances de câncer do tubo digestório, refluxo e até mesmo inflamação no pâncreas.

Fonte: Sociedade Brasileira de Endoscopia Digestiva

ESTÔMAGO

Ao se falar em digestão, o primeiro órgão a ser lembrado é o estômago. Não por acaso, é o seu trabalho um dos mais significativos em todo o processo. Até o momento, apenas os carboidratos foram digeridos, mas no estômago, as proteínas também serão. Todo o processo que acontece dentro do estômago é também chamado de digestão química, já que ali não acontecem apenas processos mecânicos, de movimentos, mas também a mistura do bolo alimentar a outras substâncias do organismo. Em uma consistência mais pastosa do que a que tinha quando foi engolido, o alimento finalmente chega ao estômago e logo é recebido pelo suco gástrico, líquido que envolve o alimento em digestão. Entre os componentes da mucosa estomacal está o ácido clorídrico (HCL). O HCL tem pH extremamente ácido, em torno de 1 e 2. A acidez, além da digestão, mata bactérias que estavam presentes no bolo alimentar e interrompe a ação da ptialina. Enquanto não há bolo alimentar no estômago, a enzima pepsinogênio permanece inativa. Ao entrar em contato com o suco gástrico, ativa-se, transformando-se em pepsina, que irá atuar nas proteínas, transformando-as em peptídeos.

REPOUSO PÓS-ALIMENTAÇÃO

Você certamente já ouviu que não se deve fazer atividade física depois do almoço. De acordo com a nutricionista Dra. Vanessa Tozzato, após a refeição, nosso sistema nervoso prepara o corpo para digerir os alimentos. Dessa forma, ocorre diminuição do fluxo sanguíneo periférico e aumento do fluxo no sistema digestório. "A prática de atividade física estimula justamente o contrário, o fluxo sanguíneo aumenta nas regiões periféricas, para melhor irrigação dos músculos". No final, tanto a digestão quanto o desempenho do exercício ficam prejudicados. A dica da profissional é consumir alimentos de fácil digestão antes do treino, como vitamina com frutas ou uma porção de amêndoas.

A a partir dos mesmos movimentos involuntários feitos pelo esôfago, e transforma o bolo alimentar, o HLC e os peptídeos formam em um líquido chamado quimo, produto da digestão realizada no estômago. Mas até o cérebro entender que o processo de digestão já está sendo realizado, pode demorar e, como explica a endocrinologista e metabologista Dra. Viviane Christina de Oliveira, o estômago ainda pode estar cheio de alimentos e você, sentindo fome. Isso acontece, principalmente, quando se come muito rápido. Já quando se come devagar, saboreando cada mordida, há uma liberação que indica ao cérebro que, naquele momento, você não precisa de mais comida.

O órgão possui paredes internas rugosas e elásticas. Quando não há comida, os movimentos peristálticos ficam mais lentos e o estômago reduz de tamanho, até que suas paredes se juntem. Neste momento, o atrito faz com que surjam barulhos, o famoso 'ronco do estômago', que indica a necessidade de ingerir mais alimentos.

Para manter o estômago saudável, é importante não passar longos períodos sem se alimentar, afinal, organismo continua produzindo suco gástrico e, se o alimento não vem, o suco gástrico acaba corroendo as paredes estomacais, podendo ocasionar a gastrite.

Outra dica para importante é evitar gomas de mascar. Ao mastigarmos, produzimos mais saliva e, consequentemente, também aumentamos a produção de suco gástrico.

PRAZER, ENZIMAS!

Sem elas, todos os movimentos feitos pelos músculos dos órgãos seriam em vão. Conheça o trabalho de cada uma delas em diferentes partes do sistema.

Na saliva: as glândulas salivares têm como alvo o amido, que é decomposto em maltose.

No estômago: a pepsina transforma as proteínas em fragmentos menores.

No intestino delgado: a sacarase decompõe-se em glicose e frutose. A lactose também é decomposta em glicose e galactose. A maltase ataca a maltose e, como resultado, surgem glicoses livres. Por fim, a petidase transforma os fragmentos proteicos em aminoácidos.

No pâncreas: a lipase, a tripsina e a amilase pancreática são responsáveis pela decomposição de lipídios, proteínas e amidos não fragmentados em outros processos.

Incrível!
Em toda sua vida, você irá produzir cerca 1,5 litros de saliva por dia.

Você sabia?
Quando sentimos fome, o estômago prepara-se para a chegada dos alimentos, contraindo-se e produzindo o suco gástrico, o que faz aquele barulho!

Fato
Um adulto comum necessita de 2.000 calorias para suprir suas necessidades energéticas diariamente.

SISTEMA DIGESTÓRIO

MITOS DA ALIMENTAÇÃO

A nutricionista Gabriela Chamusca abriu as portas de seu consultório para desmistificar as três principais dúvidas sobre alimentação que têm tudo a ver com a digestão.

COMER CARBOIDRATO À NOITE ENGORDA?
O carboidrato é fundamental em todas as refeições. Seja no almoço ou no jantar, ele deve, sim, ser ingerido, sem ter qualquer influência sobre o peso, quando ingerido nas quantidades certas.

FICAR SEM COMER EMAGRECE?
Muito pelo contrário. É com uma dieta saudável, fracionada em pequenas porções ao longo do dia, que o corpo alcança o seu peso ideal. Sem a ingestão de alimentos, o metabolismo fica mais lento, o que, na verdade, acaba dificultando o emagrecimento.

BEBER LÍQUIDOS DURANTE A REFEIÇÃO AUMENTA A BARRIGA?
Tudo em excesso faz mal. Por isso, se ingerir líquidos em excesso, pode haver a dilatação das paredes do estômago e, assim, trazer o ganho de peso, que, consequentemente, aumenta a gordura corporal na região do abdômen.

INTESTINO DELGADO

A chegada do quimo é recebida pelos primeiros centímetros do intestino delgado – que, no total, tem em média quatro metros de comprimento! - também chamados de duodeno. Ao receber o quimo, o duodeno produz o hormônio secretina, que estimula a produção de suco pancreático. Entre as substâncias produzidas pelo pâncreas está o bicarbonato de sódio, responsável por combater a acidez vinda do estômago. Neste momento, o pH torna-se alcalino e fica em torno de 8 e 8,5. A bile, produzida no fígado, também colabora neste processo de alcalinização.

O suco pancreático degrada os carboidratos, através da amilase pancreática, transformando-os em açúcares menores, como maltose, que depois vira maltotriose e, por fim, dextrina. Tudo isso para facilitar a absorção pelo organismo. Já a bile emulsiona a gordura e facilita a ação da limpase pancreática, que quebra gordura, fazendo dela ácidos graxos e glicerol.

Enquanto toda a digestão química acontece, os movimentos peristálticos, aqueles mesmos feitos por outros órgãos involuntariamente ao longo da digestão, são repetidos, transformando o quimo em quilo, com um aspecto um pouco mais líquido.

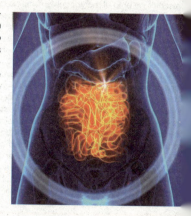

Seguindo o tortuoso caminho do intestino delgado, o quilo passa pelo jejuno e pelo íleo, nomes dados a outras partes do órgão em que são absorvidas através de suas dobrinhas, as vitaminas, os nutrientes e parte da água do quilo. Nesse espaço está presente o suco entérico, que finaliza a digestão de proteínas e carboidratos.

Os nutrientes absorvidos pelo intestino delgado vão para o fígado através de uma veia chamada porta hepática (sistema portal). Isso significa que, antes de os nutrientes caírem na corrente sanguínea, primeiro, passarão pelo fígado. O objetivo deste processo é desintoxicar as substâncias absorvidas. Alguns nutrientes podem ser enviados para a corrente sanguínea sem nem passar pelo fígado, e o que restou daquele alimento ingerido lá atrás segue para o intestino grosso.

Atenção!
Pessoas que dizem ter o metabolismo lento são aquelas que não consomem o "combustível" ideal para o organismo. Na verdade, elas têm metabolismo desnutrido.

Fique por dentro
Os macronutrientes são os carboidratos, as gorduras e as proteínas. E os micronutrientes são as vitaminas e os minerais.

Fato
A última e menor parte do intestino grosso é o reto, responsável por acumular as fezes, até que o ânus as libere.

INTESTINO GROSSO

Todos os restos de alimento que não foram assimilados durante a digestão chegam ao intestino grosso para serem preparados para a evacuação. Sim, é ali que são formadas as fezes!
Mas não é só: no intestino grosso também é absorvida a água, tanto a ingerida quanto a que resta do resultado dos sucos digestivos do quilo, que é recebido por um muco produzido pelas glândulas da mucosa do órgão, que faz com que a passagem das fezes seja facilitada.
Em um metro e meio de comprimento de intestino grosso, vivem inúmeras bactérias do bem, responsáveis por reforçar os movimentos do intestino e lutar contra aquelas que podem causar algum dano ao organismo. Assim, tudo aquilo que não foi digerido e não é absorvido nesta etapa final é condensado até criar uma massa fecal, cheia de detritos inúteis, prontos para serem evacuados na porção final do intestino grosso.
Chamado de reto, tem um formato diferente do restante do órgão. Como diz o próprio nome, não tem curvas. O seu principal papel é acumular as fezes e deixá-las armazenadas antes de serem eliminadas pelo ânus.

O PODER DAS GLÂNDULAS

Sem os sucos produzidos pelas duas maiores glândulas do corpo humano, o processo digestivo não seria tão eficaz. O fígado e o pâncreas são responsáveis por liberarem ao duodeno duas secreções necessárias para que haja a digestão química do intestino delgado. A primeira, a bile, não contém enzimas capazes de digerir os alimentos, mas, sim, substâncias que atuam como uma espécie de detergente, separando a gordura daquilo que realmente importa para o organismo. Já o pâncreas produz o suco pancreático, digerindo carboidratos, proteínas e lipídios.

AS FIBRAS E OS GASES

"Uma alimentação rica em fibras, como cereais, frutas e vegetais, melhora o funcionamento do intestino. Por deixarem mais resíduos pelo organismo, aumentam o volume de bolo fecal, mas, consequentemente, podem provocar inchaço e gases! O segredo é consumir, sim, alimentos ricos em fibras para favorecer o intestino, mas também é necessário ingerir bastante água para impedir a prisão do ventre e o ressecamento do bolo fecal", explica a médica ortomolecular Dra. Anna Bordini, da Clínica Bertolini.

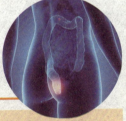

ÂNUS

É pelo pequeno orifício que o alimento – tantas vezes transformado depois de passar por uma série de processos digestivos ao longo do corpo humano –, finalmente, é evacuado. Localizado logo após o reto dentro do organismo e, na parte externa, entre as nádegas, é formado por uma musculatura lisa que se dilata para facilitar a saída das fezes.

O PERIGO DO ÁLCOOL

De acordo com a Dra. Vanessa Tozzato, o consumo de álcool intefere na digestão direta e indiretamente. Além do fígado e do pâncreas, as bebidas alcoólicas prejudicam o trato gastrointestinal.
Começando pelo esôfago, o consumo de álcool pode levar ao refluxo gastroesofágico, pois enfraquece o esfíncter inferior do esôfago. Esfíncteres são músculos que funcionam como uma porta, liberando ou bloqueando a passagem do bolo alimentar. Se um esfíncter está enfraquecido, ele não vai conseguir se manter fechado, possibilitando a passagem do bolo alimentar do estômago para o esôfago, o que causa o refluxo.
Já no estômago, o etanol interfere no sistema de defesa da mucosa (parede gástrica), prejudicando a liberação de muco e bicarbonato, que protegem a mucosa e equilibram o pH do estômago. No intestino ele prejudica a absorção dos nutrientes, pois causa alterações na estrutura da mucosa intestinal, podendo resultar em má nutrição e diarreias. Ainda de acordo com a especialista, vários estudos associam o consumo crônico de álcool com desenvolvimento de câncer colorretal e úlceras pépticas

* VOCÊ SABIA?

Apesar de sua aparência sólida, as fezes têm em seu volume total 75% de água. Por isso, manter uma boa hidratação é fundamental para uma defecação saudável. "Os alimentos pobres em fibras, industrializados, as frituras e também bebidas alcoólicas prejudicam o esvaziamento do estômago e, consequentemente, todo o processo de digestão e a formação do bolo fecal", conta o nutrólogo Dr. André Veinert. Já a receita água + dieta saudável + atividade física trazem bons resultados!

CAPÍTULO 4

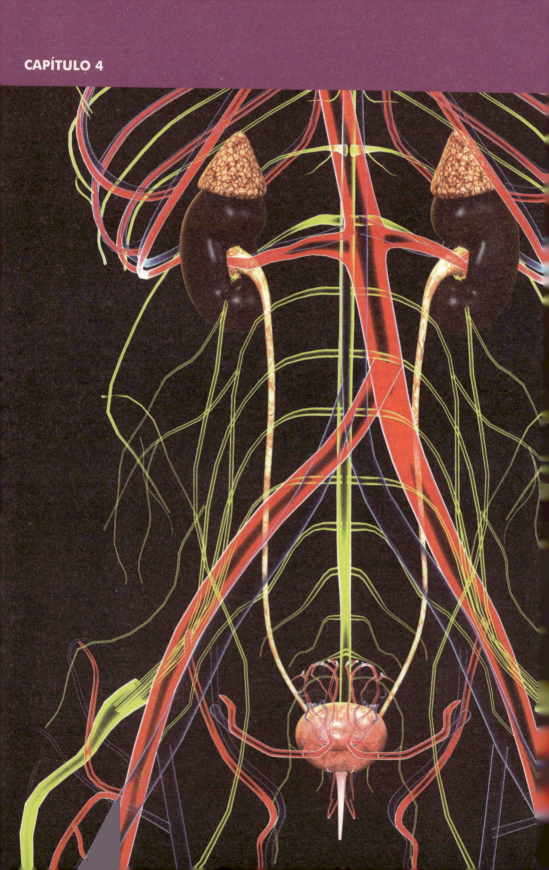

Sistema EXCRETOR

Entenda como o corpo humano faz para reconhecer e liberar os dejetos desnecessários para manter a saúde do organismo

SISTEMA EXCRETOR

ROTA DA ÁGUA

Eliminar os excessos e dejetos desnecessários para a boa saúde do organismo e armazenar tudo aquilo que faz bem. Como um detox que já vem pronto de fábrica, lá no nosso nascimento, descubra tudo sobre o sistema de filtragem

Por Evelyn Moreto • **Fotos** Shutterstock

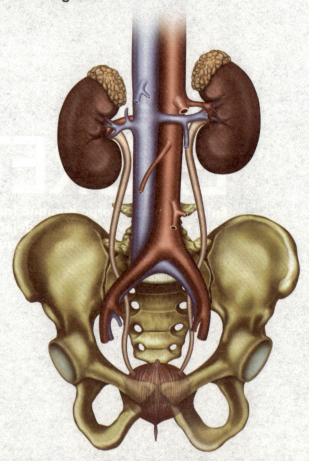

Quando bebemos água, ela faz todo aquele caminho que você já aprendeu no capítulo do sistema digestório (da boca até o intestino delgado) até parar na corrente sanguínea. A partir daí, é enviado diretamente para uma espécie de triagem, onde o sangue é filtrado e a urina é produzida e, enfim, eliminada: o sistema excretor. Filtros, canais de passagem, uma bolsa de armazenamento e uma saída. Basicamente, são esses os componentes do sistema que manda para fora do organismo tudo aquilo que pode, de alguma forma, fazer mal a ele. Chamado de excretor e também conhecido como trato urinário, ele é o responsável pelo detox do corpo humano.

O sistema nervoso central controla o funcionamento do sistema urinário. A ginecologista e obstetra Erica Mantelli explica que, para o funcionamento perfeito do sistema excretor, é preciso que ele obedeça a cada um dos comandos dados pelo cérebro através das informações recebidas pelos nervos que, basicamente dizem: precisamos tirar todo esse líquido daqui. Assim que a bexiga enche, envia um sinal para o cérebro, que manda a mensagem ao organismo dando vontade de ir ao banheiro.

Mas e antes de a bexiga encher, o que será que acontece? Afinal, como os líquidos do corpo humano se transformam em urina?

Você sabia?
Homeostase é o processo que equilibra nosso organismo. Os rins são importantes para este processo pois realizam o equilíbrio hidroeletrolítico, regulam o pH do sangue e fazem a manutenção da pressão arterial.

FEZES NÃO É EXCREÇÃO!

É só falar que o sistema excretor elimina os materiais inúteis ou prejudiciais ao corpo humano que já se pensa nas fezes. Mas as excretas são, na verdade, as substâncias eliminadas a partir dos resíduos resultados das atividades das células e, também, que estão em excesso no sangue.

Fonte: Sociedade Brasileira de Nefrologia

RINS

Os rins têm entre 11 e 13 centímetros de comprimento; 5 a 7,5 cm de largura e 3 cm de espessura e o mesmo formato de um grão de feijão. Pode chegar a pesar 170 g em um homem e 155g nas mulheres! A filtragem de todo o sangue do corpo é feita por estes dois órgãos. Como do lado direito temos o fígado, o rim direito localiza-se um pouco mais baixo em relação ao rim esquerdo. Juntos, chegam a receber mais de 1.000 litros de sangue diariamente e separam o que faz bem para o organismo daquilo que deve ser excretado.

O sangue chega pela artéria renal e é filtrado pelos rins. O sangue purificado volta para o organismo através da veia renal. Já as impurezas formam a urina e são transportadas para a pelvis renal em direção à bexiga. O conjunto de artéria, veia e pélve renal é chamado de hilo renal. Todo o sangue purificado é mandado de volta para a corrente sanguínea em um transporte feito por meio da veia e da artéria renal – enquanto o restante do material começa a produção daquele líquido amarelado que eliminamos várias vezes ao dia: a urina. E sabe do que os rins precisam para realizarem com eficácia o seu trabalho de desintoxicação do corpo humano? Água. A nutricionista Ana Huggler, da Global Nutrição, explica que a ingestão de, no mínimo, 2 litros de água por dia é a quantidade ideal. O consumo regular de água coopera para a eliminação de toxinas por meio da urina. "Além disso, ela hidrata o organismo, evitando que o corpo retenha líquido e prevenindo os problemas nos rins", fala Ana, lembrando que o cálculo renal ou pedras nos rins nada mais são do que o acúmulo de resíduos nos rins e, por isso, é tão importante a ingestão de água.

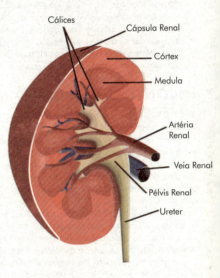

LIMPEZA DO SANGUE

Quando sai da aorta, uma das principais artérias do coração, sangue a ser filtrado entra diretamente nos rins através das artérias renais.

De acordo com o biólogo Alef Beldi, a arteríola aferente conecta a artéria renal ao néfron no córtex. O glomérulo, que um emaranhado de arteríola, oferece grande área de absorção do sangue para o néfron. Neste espaço a pressão arterial é chega a ser 10 vezes o valor normal, o que facilita a entrada sanguínea na cápsula de Bowman, o início do néfron. É a filtragem.

Tudo que não entrar na capsula de Bowman, como glóbulos brancos, glóbulos vermelhos e proteínas, segue pela artéria eferente. No néfron, o material filtrado segue para o túbulo contorcido proximal, que tem formato espiral, onde a maior parte de substâncias é reabsorvida pela corrente sanguínea, incluindo toda a glicose e o aminoácido.

Entre as substâncias reabsorvidas estão: água, sódio, cloreto, potássio, bicarbonato (este que, posteriormente, será responsável pelo transporte do CO_2 até os pulmões), aminoácidos e glicose.

O restante segue para a alça de Henle, que está localizada na medula renal. A parte descendente da alça reabsorverá apenas água e a parte ascendente apenas cloreto de sódio. O caminho no néfron volta para o córtex segue para o túbulo contorcido distal, que também tem formato espiral, onde cerca de 5% de água e sódio voltam ao organismo.

O que sobrou no néfron são as excreções, que seguirão para o túbulo excretor, na medula renal, formando a urina. Diariamente, produzimos até 1,5 litro de urina.

Você sabia?
Os rins estão protegidos pelas últimas costelas do corpo e também por uma camada de gordura.

Fato
Quando cheia, a bexiga pode conter mais de ¼ de litro (250 ml) de urina, que é eliminada periodicamente por meio da uretra.

Lembre-se!
A urina é amarela e salgada. Isso porque absorve sais e substâncias pigmentadas, como a amônia e a bilirrubina da corrente sanguínea.

SISTEMA EXCRETOR

ELES PODEM PARAR!
Entre os inúmeros problemas que se pode ter no trato urinário, um dos que mais afetam o corpo humano é quando os rins falham ou param de funcionar. Ao sentir os primeiros sinais (como incontinência urinária, inchaço e dor nas costas), é preciso procurar um médico. Só a medicina pode, além de diagnosticar as causas do problema, reanimar a atividade das glândulas através de um tratamento eficaz, a hemodiálise. "A máquina de hemodiálise tem a capacidade de retirar as toxinas do organismo e controlar o volume de água e os níveis de eletrólitos do sangue. É indicado que o paciente faça hemodiálise até que os rins mostrem sinais de recuperação. As sessões do tratamento são contínuas", explica Vitor Buaride, médico do Hospital Salt Lake. A máquina faz, mecanicamente, o trabalho de filtragem do sangue, como um rim artificial.

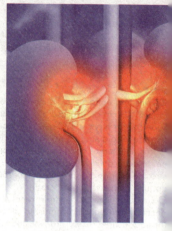

INCONTINÊNCIA URINÁRIA X INFECÇÃO URINÁRIA
Falha no funcionamento do sistema excretor, a incontinência urinária é a perda involuntária de urina. Mais comum entre mulheres (pelos esforços da gravidez) e idosos (pela produção insuficiente de hormônios), pode também acometer, com maior frequência, homens que sofreram com o câncer de próstata. Contudo as causas são variadas e devem ser estudadas minuciosamente a cada paciente e, em certos casos, a razão da urina escapar é o estresse! O tratamento dependerá do grau em que está a doença.

Já a infecção urinária é uma doença bacteriana, ou seja, causada por uma bactéria que invade o corpo e, assim, causa dor, ardor e o aumento da frequência urinária. Com a capacidade de afetar homens e mulheres na mesma proporção, pode ser desencadeada por uma série de fatores. Entre elas, está a falta de ingestão de água, o que dificulta a limpeza do sistema e torna o organismo um ambiente favorável à proliferação de bactérias. O tratamento da doença se faz com antibióticos sob prescrição médica.

URETERES
Agora que os rins já cumpriram a sua missão, eles precisam encaminhar de maneira rápida e eficaz a urina até a bexiga. Os canais usados são os ureteres: espécies de tubos de musculatura lisa com cerca de 30 cm de comprimento cada um, bem parecidos com dois grandes canudos, que fazem a ligação direta entre os dois órgãos.

SINAIS OCULTOS
Acredite: as células do sistema excretor têm o poder de controlar as glândulas salivares, aquelas que, neste momento, dão a sensação de secura e faz com que se sinta sede e a necessidade de beber água. Ao primeiro gole, ela passa, claro. Mas só será absorvida pelo organismo pouco depois de 1 hora!
Fonte: Hospital do Rim e Hipertensão

DESVENDANDO A URINA
95% de água
5% de excretas: ácido úrico, ureia, cloreto de sódio
e + substâncias inúteis no sangue e excessos de potássio, cálcio, magnésio, ferro...

DOENÇA RENAL CRÔNICA
Estima-se que a DRC atinge 10% da população mundial. Os sintomas mais comuns são pressão alta, fadiga, mal-estar e perda de apetite, mas estes desenvolvem-se lentamente e, muitas vezes, o portador da doença não apresenta nenhum sintoma. Por isso, a realização de exames laboratoriais periodicamente é fundamental para assegurar a boa saúde dos rins. A doença acomete principalmente pessoas acima dos 40 anos, mas também há altos índices de DRC a partir dos 19 anos. Não há cura, mas o tratamento correto faz com que a doença não se agrave. Em estágios avançados, é recomendada a diálise e, em casos extremos, transplante.
Fonte: Hospital Israelita Albert Einstein.

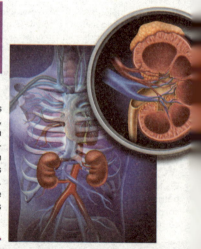

BEXIGA E URETRA: TRABALHO EM EQUIPE

Assim que toda a urina produzida pelos rins passa pelos ureteres e chega à bexiga para ser armazenada, ela precisa estar preparada para receber a quantidade máxima do líquido. O órgão em formato de balão se enche pouco a pouco e, com a elasticidade de sua musculatura, se adapta a uma quantidade de volume que pode chegar até a 800ml!

Quando ela está cheia, é que sentimos aquela vontade de urinar e é aí que a bexiga entra em ação com outra função: a do bombeamento de todo o líquido armazenado para fora. Mas imagina só se ele já saísse do corpo assim que a bexiga se enchesse? É claro que a máquina perfeita tem um mecanismo para que isso seja evitado.

Durante esta fase de enchimento, ocorre o relaxamento da musculatura da bexiga e a contração da uretra, canal de eliminação da urina. A partir dessa contração, é evitado o vazamento de qualquer líquido.

Quem manda nesses comandos, mais uma vez, é o cérebro. Só quando ele entende que se pode urinar naquela hora e naquele lugar, que o processo ocorre. A doutora Eliana Mantelli explica que, na fase final da excreção, na hora da micção, a bexiga é que se contrai e a uretra fica relaxada, liberando todo o líquido armazenado na bexiga. A sensação de alívio não é por acaso: só assim a bexiga pode relaxar novamente e continuar o seu ciclo de trabalho sem fim.

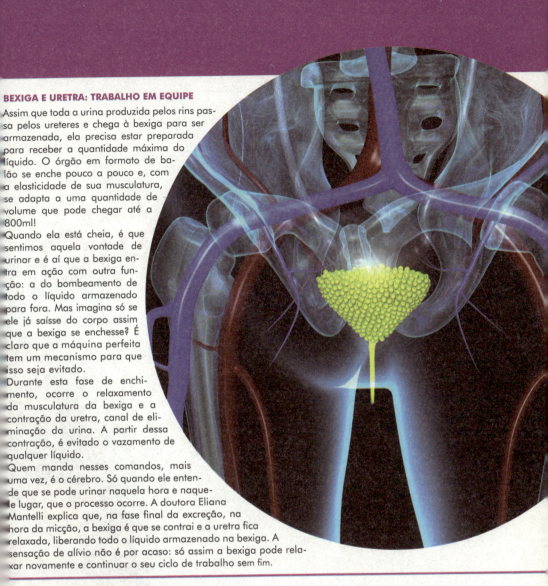

DEPOIS DA CERVEJA...

Após a ingestão de cerveja, a vontade de urinar é mais frequente. Isso ocorre devido aos hormônios que trabalham na filtragem do sangue, que são inibidos pelo etanol. Assim, o que deveria separar o que volta para o organismo e o que deve ser excretado acaba acumulando todo o volume de urina de uma vez só. Mas não pense que isso é bom! Por mais que se tenha a sensação de limpeza do sistema, o que acontece, na verdade, é a desidratação, já que assim, perdemos os sais minerais da água ingerida.

Fonte: The Diuretic Action of Alcohol in Man, M. Grace Eggleton

O dia 12 de março foi nomeado "Dia Mundial do Rim" para conscientizar a população mundial sobre as doenças silenciosas que podem afetá-los.

* VOCÊ SABIA?

Os ureteres têm um aspecto amarelado porque absorvem os pigmentos da urina. E mais: quanto mais água, menos amarelada será a urina. É por isso que, sempre pela manhã, logo ao acordar, ela tem uma pigmentação mais forte. Afinal, durante a noite, muito menos água é consumida.

Sistema RESPIRATÓRIO

Pense ficar alguns segundos sem ar. A sensação é desesperadora, não é? Afinal, nada é possível sem respirarmos. Diante disso, aprenda como funciona este incrível sistema em nosso organismo e saiba como driblar as doenças que podem afetá-lo

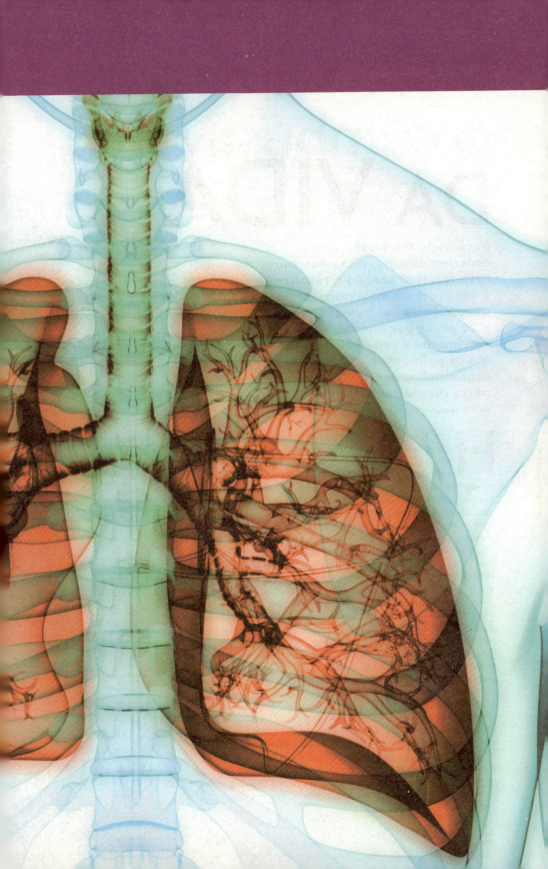

SISTEMA RESPIRATÓRIO

O combustível
DA VIDA

Você pode até tentar, mas, conscientemente, não pode parar de respirar. Isso porque a respiração é um processo vital para qualquer atividade do ser humano. Entre 12 e 20 vezes por minuto, o mesmo movimento é repetido do nariz até os pulmões, a fim de dar ao organismo a energia necessária para, simplesmente, sobreviver

Por Evelyn Moreto • Fotos Shutterstock

Haja fôlego! Não importa o que o ser humano esteja fazendo. Paralelamente, ele sempre estará respirando. Mesmo dormindo, no mais profundo dos sonos, a respiração acontece. Em conjunto, os órgãos do aparelho respiratório são responsáveis pelas trocas gasosas que acontecem entre o organismo e o meio ambiente, chamada de respiração. Formada basicamente por dois tipos de movimento, é ela que dá às células a energia necessária para continuar o seu trabalho. Estes dois movimentos são a inspiração e a expiração. Na inspiração, o ar da atmosfera entra pelo nariz e chega até os pulmões. Já na expiração, os pulmões eliminam o ar para o ambiente externo. Mas nem sempre esse processo é tão simples. Algumas dificuldades, como obstrução na cavidade nasal, problemas pulmonares ou até mesmo a ansiedade, por exemplo, podem comprometê-lo. "A respiração realizada de forma adequada ajuda ainda no desenvolvimento motor, psicológico e emocional, além de facilitar o domínio sobre atividades físicas", descreve a fonoaudióloga Patricia Antoniazi. "Durante a inspiração do ar, o diafragma desce pressionando o abdômen para fora, já quando expiramos, o diafragma se eleva e a barriga fica murcha. A respiração realizada dessa maneira faz com que o organismo tenha uma capacidade aumentada, pois reduz a aceleração do batimento cardíaco, na expulsão do gás carbônico dos pulmões, evita tonturas e facilita o processo de queima de gordura", explica. Sim, cada partícula de ar que entra e sai de nosso organismo pode afetar outros sistemas. Descubra como nas páginas a seguir.

FILTROS NATURAIS

É fato que o ar que respiramos não é puro. Por isso, logo ao passar pelas fossas nasais, as duas aberturas do nariz divididas pelo septo, fina cartilagem, ele já é filtrado. Nos pelos ficarão concentradas até as menores partículas de sujeira e, assim, o ar entra puro dentro do organismo. A respiração, mesmo que incorreta, também pode ser feita pela boca, por onde pode passar uma grande quantidade de ar. "Quando você respira pela boca, essa triagem de ar deixa de ser feita, o que pode gerar efeitos adversos, além de respiratórios, no desenvolvimento facial e no posicionamento dentário", explica o Dr. Alessandro Silva, cirurgião buco-maxilofacial. Pesquisas apontam que o comportamento é comum para quem sofre de alergias, sinusite, rinite e desvio de septo. Pesquisas comprovam que esse comportamento vem da infância e pode ter desdobramentos na saúde nasal e também na qualidade doo ar inspirado. Depois de filtrado pelo pelas narinas, o ar chega à cavidade nasal, uma região que apresenta estruturas ósseas chamadas coxas nasais que afunilam o espaço da passagem de ar. É quando ele é aquecido e umidificado por suas mucosas para seguir para a laringe. Ao inspirarmos pela boca, o ar vai para a laringe gelado e sem a umidade necessária, provocando o ressecamento das vias aéreas. Isso é comum de acontecer na prática de atividade física e, como consequência, a pessoa perde o fôlego.

CURIOSIDADE

A umidade relativa do ar é uma medição que avalia sua qualidade. Cidades que apresentam muita poluição e pouca chuva tendem a ter qualidade do ar pior. Mesmo com o trabalho da mucosa da cavidade nasal, se o ar inspirado for de má qualidade, também pode haver ressecamento das vias aéreas.

ESTÉTICA OU NECESSIDADE?

A cirurgia plástica no nariz pode ser os dois. O cirurgião plástico Ruben Penteado, diretor do Centro de Medicina Integrada, explica que a rinoplastia, de uma maneira geral, melhora a harmonia facial e as proporções do nariz. "A cirurgia também pode corrigir dificuldades respiratórias causadas por defeitos estruturais". Um dos defeitos mais usuais entre os pacientes é, segundo ele, o desvio de septo. "A correção do septo desviado, uma das causas mais comuns de insuficiência respiratória, é feita pelo ajustamento da estrutura nasal para produzir um melhor alinhamento", diz o cirurgião plástico.

O RONCO

Roncar durante o sono é normal. Porém, quando o barulho, normalmente oriundo da traqueia, gera um incômodo, acordando a própria pessoa ou alguém da casa, é sinal de apneia. A apneia é a obstrução total das vias aéreas superiores. Hipopneia é a obstrução parcial. Ambas prejudicam a passagem de oxigênio para o corpo através da respiração. Por isso, é comum a pessoa precisar acordar para voltar a respirar normalmente. Além de prejudicar a qualidade do sono e, consequentemente, o rendimento no dia seguinte, a apneia aumenta o risco de doenças cardiovasculares.

A síndrome é mais frequente no sexo masculino e pode ser agravada em pessoas que tem o queixo pequeno e a língua grande, problemas endócrinos e fumantes. Existe tratamento e, em casos extremos, recomendação cirúrgica.
Fonte: Instituto Brasileiro do Sono

SISTEMA RESPIRATÓRIO

FARINGE: TRABALHO DUPLO

Mutuamente conectada ao sistema digestório e ao sistema respiratório, a faringe, no sistema respiratório, serve para a passagem do ar até a laringe. Para que não haja confusão entre os elementos transportados pelos dois sistemas, a máquina perfeita conta com o trabalho de um mecanismo chamado epiglote, que funciona como uma tampa que se fecha enquanto o sistema digestório está em ação, e se abre para possibilitar a passagem do ar.

LARINGE: PASSAGEM RÁPIDA

No sistema respiratório, a laringe serve para que o ar passe e chegue até a traqueia, mas é também a responsável pela saída de som já que, ali, estão as cordas vocais. Pode ser dividida em três partes: glote, subglote e supraglote. A glote, logo na entrada da laringe, é onde estão concentradas as cordas vocais citadas anteriormente e mais: fecha-se para impedir a saída do ar que entrou para o pulmão. Contudo, quando se abre rapidamente, causa a saída de ar com força e velocidade, geralmente carregando consigo o muco alojado na garganta. Sabe o que é isso? A tosse. Para evitar que isso aconteça, salvo quando se está com alguma doença respiratória, aprender a controlar a respiração e manter uma boa hidratação, ingerindo as quantidades corretas de água, são as principais indicações dos especialistas. Assim, a laringe pode exercer as suas funções sem chances de complicações.

BRÔNQUIOS: RAMIFICAÇÕES ESSENCIAIS

Como uma continuação da traqueia, os brônquios se estendem até uma espécie de entrada dos pulmões, chamada de hilo pulmonar. Ali, começam a se ramificar em centenas de pequenas porções não mais cartilaginosas, mas musculares. Chamadas de bronquíolos também se subdividem até terminarem em estruturas microscópicas conhecidas como alvéolos pulmonares. Em cada pulmão, alojam-se centenas de alvéolos que trabalham na difusão dos gases da respiração. Basicamente, o sangue que chega até os pulmões absorve o gás oxigênio inspirado da atmosfera e, ao mesmo tempo, libera aos alvéolos o gás carbônico, expelido através da expiração.

TRAQUEIA: LIMPEZA FINAL

Seguindo a sua rota, o ar passa por um tubo de cerca de 10 cm, a traqueia. Todo rodeado por anéis de cartilagem, internamente ela é toda forrada por mucosa, o que facilita a expulsão de qualquer elemento estranho. Ao final de sua extensão, a traqueia sofre uma bifurcação chamada Carina e dá origem às duas estruturas que fazem a ligação final entre os outros órgãos do sistema respiratório aos pulmões: os brônquios.

Corpo inteligente: a movimentação de ar pelo sistema respiratório gera pressão dentro dos tubos. A cartilagem e os anéis cartilaginosos da traqueia a tornam mais rígida, impedindo que a pressão feche o tubo, e, consequentemente, prejudique a passagem de ar.

ALVÉOLOS

Em cada pulmão, alojam-se centenas de alvéolos que trabalham na difusão dos gases da respiração. Basicamente, o sangue que chega aos pulmões absorve o gás oxigênio inspirado da atmosfera e, ao mesmo tempo, libera aos alvéolos o gás carbônico, expelido através da expiração. "O sangue que chega aos alvéolos absorve o gás oxigênio inspirado da atmosfera. Ao mesmo tempo, o sangue elimina gás carbônico no interior dos alvéolos; esse gás é então expelido do corpo por meio da expiração", esclarece o biólogo Alef Beldi.

Fique esperto

Desde o nariz até os bronquíolos, não há trocas gasosas, por isso, a extensão é chamada de vias aéreas, que tem como função transportar o ar até os alvéolos onde, de fato, acontece a respiração (troca de gases).

PARA SALVAR VIDAS, TRAQUEOSTOMIA

Nos hospitais, sobretudo em pacientes da UTI, onde recebem cuidados intensivos e, muitas vezes, correm riscos, é comum ver pessoas respirando artificialmente, através de tubos. Contudo, este processo só é indicado por cerca de dez dias. Outros pacientes, por diversas complicações nem podem contar com este recurso. Por isso, aqueles que apresentam insuficiência respiratória podem recorrer à traqueostomia. O recurso que consiste em uma pequena abertura no pescoço e na traqueia, facilita a chegada de ar aos pulmões.

FAZ MAL PARA QUEM FUMA, FAZ MAL PARA QUEM INALA

Você sabia que respirar a fumaça do cigarro com frequência pode ser até mais prejudicial do que o próprio fumo? É o que explica a pneumologista Dra. Silvia Rodrigues, que integra o corpo clínico do laboratório Alta Excelência Diagnóstica. Segundo ela, os problemas que podem ser desenvolvidos pelos fumantes passivos em decorrência do cigarro são as alergias, irritações, enfisema pulmonar e até câncer nos pulmões. "Na própria fumaça, há mais de 4 mil substâncias toxicas – monóxido de carbono, amônia, alcatrão etc. Durante a queima do cigarro é liberado, dentre outros elementos, o monóxido de carbono, que se liga à hemoglobina e diminui a quantidade de oxigênio no sangue", afirma. A dica é: sempre que puder, evite. "Assim como o fumante pode evitar ter problemas respiratórios não fumando, o fumante passivo pode escolher não inalar a fumaça".

PULMÕES: OXIGENAÇÃO DO SANGUE

Inspirando o oxigênio e expirando o gás carbônico, os pulmões são os responsáveis por fazerem as trocas gasosas essenciais para a vida. É importante ressaltar que o sistema respiratório age em conjunto com o sistema circulatório. Só assim a máquina humana pode funcionar com perfeição. O organismo tem dois pulmões, diferentes um do outro. Enquanto o direito tem três segmentos e é mais espesso e largo; o esquerdo tem apenas dois lobos e é ligeiramente mais comprido. Porém, ambos contam com uma membrana essencial para o processo de respiração, a membrana alveolar, que separa aproximadamente 1 litro de sangue de 5 litros de ar! Do lado de fora do pulmão, outra membrana, chamada pleura, protege-o de intervenções externas.

PARA SALVAR VIDAS, TRAQUEOSTOMIA

Nos hospitais, sobretudo em pacientes da UTI, onde recebem cuidados intensivos e, muitas vezes, correm riscos, é comum ver pessoas respirando artificialmente, através de tubos. Contudo, este processo só é indicado por cerca de dez dias. Outros pacientes, por diversas complicações, nem podem contar com este recurso. Por isso, aqueles que apresentam insuficiência respiratória podem recorrer à traqueostomia. O recurso, que consiste em uma pequena abertura no pescoço e na traqueia, facilita a chegada de ar aos pulmões.

VENTILAÇÃO X RESPIRAÇÃO

Habitualmente, usamos o termo respiração de maneira equivocada. O encher e esvaziar o pulmão, inspiração e expiração de ar, chama-se ventilação. Respiração é apenas o nome do processo de troca gasosa que acontece nos pulmões, que também pode ser chamada de hematose.

Sistema respiratório também excreta!
Já aprendemos que o sistema excretor é responsável por eliminar toxinas do nosso organismo através da urina. Com o sistema respiratório é parecido. Ele absorve o oxigênio, que é um nutriente, e expele o gás carbônico, que também é tóxico para o corpo humano.

O PAPEL DO DIAFRAGMA

Músculo envolvido na respiração, o diafragma separa os dois pulmões da cavidade abdominal. Além disso, é o órgão responsável por, a partir dos movimentos de contração e relaxamento, durante a inspiração e expiração, auxiliar o trabalho dos pulmões. Durante a inspiração do ar, o diafragma desce pressionando o abdômen para fora, já quando expiramos, o diafragma se eleva e a barriga fica murcha. Assim, verifique se sua respiração ventilação é feita corretamente pelo diafragma. Isso é importante para o funcionamento adequado de todo o organismo.Interessante

Já sentiu aquela pontada abdominal perto das costelas ao correr?

Ela é causada pela má respiração. Pessoas desacostumadas a atividades físicas tendem a respirar errado durante o esforço, inspirando, principalmente, pela boca. Para evitá-la, além de corrigir a inspiração, a atividade deve ter ritmo gradual, começando sempre pelo alongamento. Outra causa comum do incômodo é a má postura, nesses casos, é preciso corrigir a posição da coluna para que o diafragma possa trabalhar corretamente.

Como acontece o soluço?

O soluço é um espasmo do diafragma quando há alguma irritação no nervo frênico ou no nervo vago, que são conectados a ele. O movimento involuntário provoca uma reação involuntária na glote, que impede a volta do ar para os pulmões e resulta em uma inspiração rápida que altera o ciclo respiratório. De maneira geral, o ciclo normaliza-se depois de um tempo, mas, para quem não consegue esperar, uma boa dica e respirar dentro de um saco de papel.

SISTEMA RESPIRATÓRIO

AS DEZ DOENÇAS RESPIRATÓRIAS MAIS COMUNS

RESFRIADO	Comumente predisposta pela baixa resistência do organismo, é uma inflamação e infecção no nariz e na garganta causada por vírus e de fácil contágio através de contato pessoal com pessoas já contaminadas. Desconfortos na respiração, tosse fraca, coriza e dores na garganta caracterizam a doença.
GRIPE	Pense em um resfriado mais agudo, com o desconforto intensificado, dores no corpo e febre alta. Também contagiosa, de contaminação viral, pode durar até dez dias. Se houver complicações no tratamento, pode evoluir para bronquite e até pneumonia.
ASMA	As vias respiratórias ficam mais estreitas em decorrência da exposição ao fumo, poluentes, ar frio e substâncias que possam causar alergias, dificultando a respiração e originando chiados pulmonares.
BRONQUITE	Inflamação nos brônquios, costuma se manifestar no inverno. Pode ser crônica ou aguda, ou seja, repentina e de curta duração ou com duração de anos. O principal sintoma é a tosse persistente, com catarro e secreções.
BRONQUIOLITE	Tosse, chiados e inflamação dos bronquíolos são os sintomas da bronquiolite, que costuma acometer crianças na maioria dos casos. Um vírus chamado VRS, vírus respiratório sindical, que tem altas taxas de incidência entre março e junho, é um dos grandes causadores da doença.
PNEUMONIA	Inflamação que pode atingir um ou dois pulmões, uma das mais graves que pode acometer o sistema respiratório. Causa febre, tosse com catarro, dores no peito e dificuldades para respirar. Pode ser causada por vírus ou bactérias.
LARINGITE	Também causada por vírus ou bactérias, a laringite é uma inflamaç na laringe. Febre baixa, rouquidão e dores de garganta costumam ser os sintomas mais comuns. Pode ser, também, parte de alguns tipos de viroses.
RINITE	Inflamação na mucosa nasal, é também reconhecida como uma reação imunológica do organismo a partículas que podem ser considera das alérgenos. Coriza, espirros e coceira no nariz são alguns sintoma que podem evoluir para falta de ar e cansaço.
TUBERCULOSE	Facilmente reconhecida pela tosse intensa, a tuberculose acomete os pulmões e a laringe. Quando evolui, pode causar dificuldades na respiração, eliminação de grande quantidade de sangue, colapso do pulmão e acúmulo de pus nos pulmões.
CÂNCER NO PULMÃO	Os sintomas do câncer de pulmão incluem tosse, dores no tórax, san gue no escarro, rouquidão, infecções, fadiga e perda de peso consid rável. Detectada a doença, há possibilidade de tratamento. "Do pont de vista terapêutico existem três alternativas: cirurgia, radioterapia e quimioterapia", explica o oncologista Eduardo Moura.

Para todas as outras doenças respiratórias, o tratamento costuma ser realizado com medicamentos antibióticos, a depender do grau.

PREVINA-SE!

As doenças respiratórias também podem ser evitadas. Basta tomar alguns cuidados:

Fique atento a gripes e resfriados que demorem mais de dez dias para serem curados. Eles podem evoluir para uma pneumonia, muito mais grave!

A vacinação contra a gripe é recomendada anualmente.

Cuide bem da sua alimentação. Um prato balanceado é a melhor prevenção para manter o organismo saudável.

Evite ao máximo ambientes fechados e com muitas pessoas. O contágio pode ser muito mais rápido.

Lave sempre as mãos e mantenha uma boa higiene. Só assim é possível se defender contra infecções.

Não fume. O cigarro é o maior inimigo do sistema respiratório.

Um recente estudo do Hospital das Clínicas comprovou que exercícios aeróbicos são capazes de reduzir a inflamação dos brônquios e amenizar os sintomas da asma. De acordo com o Dr. Celso Carvalho, coordenador da pesquisa, os pacientes que realizaram 35 minutos de atividade aeróbica duas vezes por semana durante três meses foram capazes de tolerar o dobro dos fatores gatilhos provocavam crises. 70% dos pacientes relataram significativa melhora na qualidade de vida.

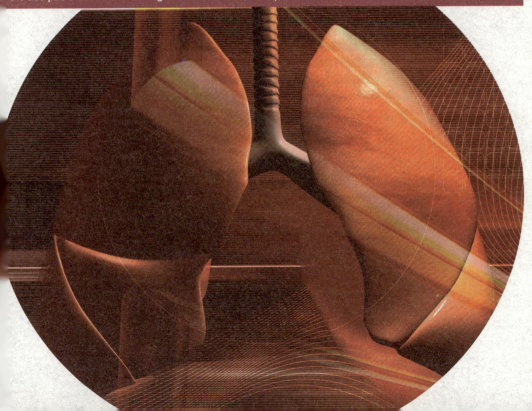

CAPÍTULO 6

Sistema
SENSORIAL

Tato, paladar, olfato, audição e visão. Os cinco sentidos fundamentais dos seres humanos são responsáveis por nossa interação com o meio ambiente. Sem eles, não seríamos capazes de perceber o meio que nos rodeia, nem de produzir uma resposta – ação – adequada diante de qualquer perigo

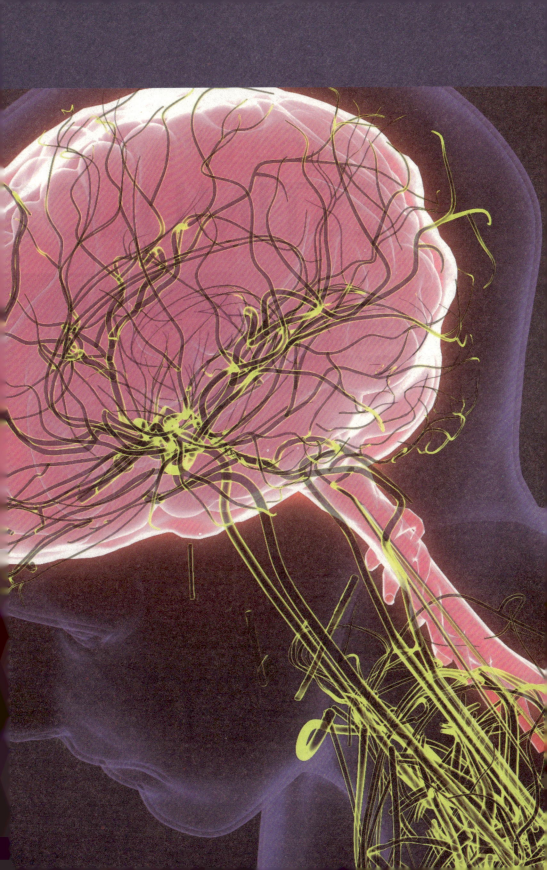

SISTEMA SENSORIAL

A interação através
DE ESTÍMULOS

Você enxerga o que está ao seu redor? Percebe quando alguém lhe toca? Escuta os sons da cidade? Senti o sabor dos alimentos? Todas essas funções são desempenhadas em nosso organismo pelo Sistema Sensorial, daí a importância de conhecê-lo por completo

Por Aline Ribeiro • Fotos Shutterstock

O Sistema Sensorial é formado por um conjunto de órgãos, entre eles os principais: a pele, a língua, o nariz, os ouvidos e os olhos. Esses órgãos são dotados de células nervosas especiais chamadas de receptores. Como são especializados em captar estímulos, são conhecidos como receptores sensoriais. É por meio desses receptores que o indivíduo capta estímulos e informações do ambiente e do seu próprio corpo e, então, converte e transmite esses estímulos em impulsos elétricos ou nervosos até o Sistema Nervoso Central (SNC), onde serão processados e traduzidos em uma sensação, gerando uma resposta (voluntária ou involuntária).

OS 5 SENTIDOS
Conheça os cinco sentidos do corpo humano e os órgãos responsáveis por cada um deles

SENTIDO	ÓRGÃO RESPONSÁVEL
Tato	Pele
Paladar	Língua
Olfato	Nariz
Audição	Ouvidos
Visão	Olhos

Você sabia?
A lágrima é fabricada continuamente pela glândula lacrimal e serve para limpar, lubrificar e nutrir o olho, além de facilitar o ato de piscar. Porém você sabe por que quando choramos o nosso nariz começa a escorrer? Isso acontece porque no canto interno da pálpebra, bem próximo ao nariz, existe um orifício e um canal que levam a lágrima já usada para o nariz.

Curiosidade
As lágrimas não são feitas apenas de água, como muitos pensam. S[e] você já percebeu que elas têm um gostinho salgado, está certo. É qu[e] além de água, elas contêm sais minerais, gorduras (lipídios) e mu[...] (glicoproteínas).

VISÃO

Você já parou para pensar quantas cores consegue enxergar? E por que as lágrimas são salgadas? Os olhos são importantes órgãos do corpo humano e repletos de curiosidades interessantes. Duas semanas após o embrião ser fecundado na gravidez, eles já começam a se formar. A formação do olho (globo ocular) compreende a íris, a córnea, a pupila, a retina, o cristalino e o nervo óptico. Contudo, sua principal composição são as células fotorreceptoras. A Dra. Cristiane Rocha, neuropediatra da Faculdade Santa Marcelina, explica que essas células são capazes de captar estímulos luminosos, que são transformados em estímulos nervosos e transmitidos ao Sistema Nervoso Central para ativar o sentido da visão. É assim que conseguimos enxergar.

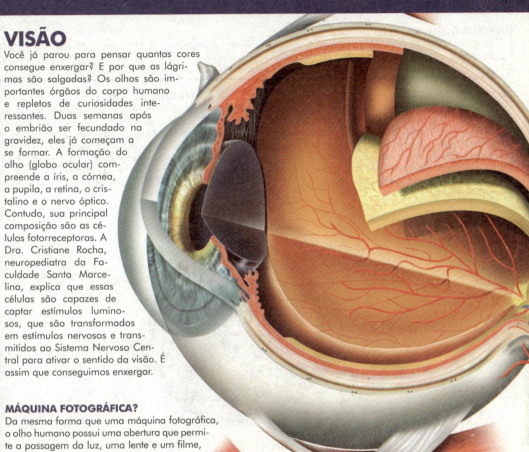

MÁQUINA FOTOGRÁFICA?

Da mesma forma que uma máquina fotográfica, o olho humano possui uma abertura que permite a passagem da luz, uma lente e um filme, onde a imagem é formada. Essa abertura seria a córnea, uma membrana transparente e protetora do olho, que permite a entrada do raio de luz e a formação de uma imagem nítida na retina. A lente seria a íris, a membrana mais visível e colorida, que fica atrás da córnea e responsável por controlar a quantidade de luz que entra no olho e chega à pupila. Essa, por sua vez, funciona como o diafragma de uma máquina fotográfica. Assim, se o ambiente tem muita luz, a pupila se fecha; e se tem pouca, ela é dilatada.
Como esse controle da quantidade de luz é feito na pupila, por meio da íris, é ela quem recebe primeiro a informação visual. Após passar pela pupila, os raios de luz atingem o cristalino, que projeta os raios luminosos no fundo dos olhos, onde se encontra a retina, que é a camada de revestimento interno do olho. É nela, que ficam as células fotorreceptoras, aquelas que captam os estímulos luminosos. Essas células podem ser de dois tipos: bastonetes e cones. Os bastonetes são muito sensíveis a variações luminosas, mas não distinguem as cores, função essa dos cones. É na retina, por meio das células fotorreceptoras, portanto, que ocorre a formação da imagem e a percepção das cores, ela seria, então, o filme fotográfico. Após serem captadas e projetadas sobre a retina, as sensações luminosas (visuais) são enviadas ao cérebro pelo nervo óptico, que é um grosso feixe de fibras nervosas responsável por esse transporte. Um fato interessante é que o cristalino projeta a imagem captada de ponta-cabeça e é o cérebro que faz a correção da posição. Segundo a neurologista, ele possui uma elasticidade que o permite alterar a sua forma, para, assim, captar imagens de diferentes distâncias. Quando o objeto está longe, há um relaxamento dos músculos ciliares (que circundam o cristalino). Já se o objeto está próximo, a imagem é derivada de uma tensão desses músculos. "Por isso, quando se fica um longo período olhando apenas para objetos próximos, como quando estamos escrevendo, é ideal que desviemos o olhar para imagens mais distantes em alguns momentos, para que os músculos relaxem um pouco", ensina a médica.

SISTEMA SENSORIAL

ANEXOS OCULARES
Chamamos assim os protetores do globo ocular, que são as sobrancelhas, os cílios e as pálpebras. As pálpebr[as] protegem os olhos e espalham sobre eles a lágrima. Os cílios servem para impedir a entrada de poeira e de e[x]cesso de luz nos olhos, enquanto as sobrancelhas impedem que o suor da testa caia sobre eles.

PEQUENOS GIGANTES
Cada olho humano tem aproximadamente 25 milímetros de diâmetro e pesa cerca de 8 gramas. Apesar de pequenos, os olhos são os órgãos que mais utilizam a atividade do cérebro, aproximadamente 65%, e seus músculos são os mais ativos do corpo humano, trabalhando 24 horas por dia, sete dias por semana. Eles conseguem processar 36 mil bits de informação por hora e, durante toda a vida, irão enxergar, em média, 24 milhões de imagens diferentes.

FLUIDOS OCULARES
O primeiro é o fluido aquoso que se sit[ua] entre a córnea e o cristalino, preenchendo [a] câmara anterior do olho. O segundo é m[ais] viscoso e gelatinoso e fica entre o cristalino [e] a retina, preenchendo a câmara posterior [do] olho. É a pressão do humor-vítreo que ma[ntém] têm o globo ocular esférico.

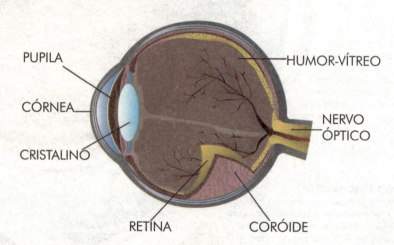

OLHO HUMANO — PUPILA, CÓRNEA, CRISTALINO, RETINA, CORÓIDE, NERVO ÓPTICO, HUMOR-VÍTREO

PRESSÃO OCULAR
A Sociedade Brasileira de Oftalmologia (SBO) alerta sobre a importância de exames periódicos para avaliar a saúde dos olhos. O glaucoma, nome dado a um conjunto de doenças que pode levar à cegueira, está relacionado com a pressão ocular, que causa danos ao nervo óptico. Estima-se que 60 milhões de pessoas tenham a doença; destas, 8,4 milhões ficaram cegas. O glaucoma não apresenta sintomas e existe tratamento. De acordo com a SBO, é comum que o paciente só procure um especialista quando a perda de visão é considerável.

MIOPIA, HIPERMETROPIA E ASTIGMATISMO
Após a passagem de liz pela córnea, os raios de luz se juntam na retina. No entanto, em algumas pessoas, esse processo não funciona corretamente. Quem tem dificuldade para enxergar objetos distantes tem miopia, significa que o foco visual se forma antes da retina. Já o problema contrário chama-se hipermetropia e o foco é formado depois da retina. Há ainda quem apresente ambas dificuldades, que é o astigmatismo, quando há dois pontos focais na visão,

podendo ser um antes e outro depois da retina. Normalmente estes problemas têm relação com a genéti[ca]. A maneira mais comum de correção é através do uso [de] óculos de grau. O grau relaciona-se com a distância en[tre] o ponto onde a imagem se forma e a retina, quanto ma[ior] essa distância, maior o grau. Há também a possibilidade [do] uso de lentes de contato que também irão corrigir o foco [ou] cirurgia refrativa, uma operação a laser em que a curvatu[ra] da córnea é alterada para que o ponto focal se forme [na] retina. A cirurgia pode ser feita em pacientes a partir d[os] 19 anos que apresentem qualquer um dos três problem[as,] estabilidade do grau e exames clínicos favoráveis.

DALTONISMO
As cores são percebidas através de células da retina cham[adas] das de cones. Temos cerca de seis milhões de cones em ca[da] olho humano na fávoa, região central da retina. Existem t[rês] tipos: o long (L), que responde à luz de comprimentos [de] onda longos, responsáveis pela percepção da cor vermel[ha;] o medium (M), de comprimento médio que compreende [a] cor verde; e o short (S), que fazem a percepção de on[da]

...rtas, a cor azul. Porém, podem ocorrer anomalias ou falta ...e fotopigmentos que fazem com que não consigamos perceber todas as cores. É o caso do daltonismo, quando há dificuldade de distinguir as cores verde e vermelha, por exemplo. ...falha está relacionada ao cromossomo sexual X, por isso é ...ais comum haver homens daltônicos que mulheres, já que ...s carregam dois cromossomos X, enquanto eles possuem apenas um. A deficiência pode acontecer em todos os tipos de cone. No L chama-se protanopia e, nesses casos, ao invés de vermelho, a pessoa enxerga tons marrons, verde, bege ou cinza. Quando afeta os cones M, é a deuteranopia e, ao invés de verde, são percebidos tons de marrom, já quando afeta os cones S, é tritanopia e azul e amarelo são percebidos em tons cor-de-rosa.

TATO

...uita gente não vê a pele como um órgão, mas ela é, ... verdade, o maior órgão do corpo humano, podendo ...egar a medir dois metros de comprimento e pesar qua... quilos em um adulto. Além de outras funções, a pele é ...sponsável pelo tato, o primeiro sentido a se desenvolver ... ser humano. Isso acontece por meio de um circuito de ...municação entre os neurônios e o Sistema Nervoso Central: estímulo – impulso – resposta. Segundo a Dra. Luciane ...ma, dermatologista da Clínica Visia, funciona da seguinte ...aneira: na superfície da pele, existem diversos tipos de ...ulas receptoras de estímulos táteis. Elas recebem o estí...lo e o transmitem, por meio dos neurônios, na forma de ...pulsos elétricos ao sistema nervoso central, que repassa ... cérebro a interpretação dessas informações para gerar ...respostas táteis.

RECEPTORES

...guns desses receptores são terminações nervosas livres, ...e reagem a estímulos mecânicos, químicos e térmicos, ...bretudo os dolorosos. Eles são chamados de Nociceptor. ...utros receptores são organizados em forma de corpúsculos, ou seja, são células especializadas que estão em contato com terminações nervosas. Os corpúsculos sensoriais podem ser mecanorreceptores, responsáveis pela percepção do toque, como movimentos e pressões leves e sensações na ponta dos dedos, como as texturas. Segundo a dermatologista, entre os mecanorreceptores mais comuns estão: os Corpúsculos de Meissner, que aparecem na pele sem pelos, como nas partes mais altas das impressões digitais; os Discos de Merkel, que possuem sensibilidade tátil e de pressão; e os Corpúsculos de Vater-Pacini, sensíveis a pressão. Já os termorreceptores são responsáveis pela percepção térmica, ou seja, do calor (Receptores de Ruffini) e do frio (Receptores de Krause).

Dessa forma, por meio de seus receptores, a pele, por meio do sentido do tato, nos permite perceber diferentes sensações, texturas, pressões e temperaturas. A importância desse sentido na nossa vida pode ser exemplificada ao imaginarmos como seria se não tivéssemos essas percepções. Afinal, sem sentir a temperatura das coisas, nos queimaríamos com frequência, assim como sem sentir a textura, poderíamos nos cortar.

HANSENÍASE

A hanseníase é uma doença contagiosa causada por um bacilo chamado hansen que atinge os nervos e a pele. Transmitida através de tosse, espirros e contato físico, o bacilo se instala em nervos próximos à pele. De progressão lenta, os sintomas podem aparecer apenas cinco anos após o contágio. Se não for tratada, a doença pode causar deformidades e incapacidades. De acordo com o Ministério da Saúde, os principais sintomas são manchas vermelhas, amareladas ou acastanhadas na pele, que perde a sensibilidade; não coça, mas há formigamento até que perca a capacidade de reagir ao calor, frio ou toque. A hanseníase tem cura e, no Brasil, o tratamento é oferecido pelo Sistema Único de Saúde.

SISTEMA SENSORIAL

MODALIDADE DO ESTÍMULO	ESTÍMULO	TIPO DE RECEPTOR	RECEPTOR SENSORIAL
Tato	Pressão	Mecanorreceptor	Corpúsculos de Vater-Pacini, Meissner e Merkel
Temperatura	Quantidade de calor	Termorreceptor	Receptores de Krause (frio) e de Ruffini (calor)
Dor	Estímulos intensos e substâncias químicas	Nociceptor	Terminações nervosas livres

SENSIBILIDADE
Segundo a dermatologista da Clínica Visia, é comum perdermos a sensibilidade de uma região da pele após um procedimento cirúrgico. Isso acontece porque, do mesmo jeito que a pele é extremamente sensível para captar os estímulos táteis, ela também pode ter seus receptores danificados por conta da cirurgia. "E no processo de cicatrização, a nova pele não tem a mesma formação de receptores periféricos. Porém, isso costuma retornar ao normal dentro de até um ano", relata a médica.

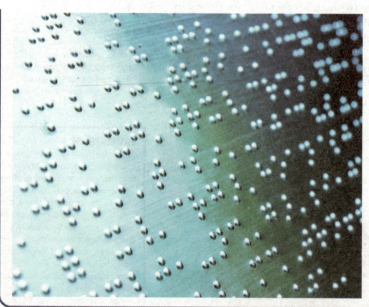

O ALFABETO BRAILE
O sistema de leitura para deficientes visuais por meio do tato foi criado por conta da capacidade existente na polpa dos dedos de perceber, de uma só vez, cerca de seis impressões táteis. Isso é possível devido à grande concentração de receptores sensíveis às pressões na ponta dos dedos. Chamado de Braile, esse sistema tem um alfabeto constituído de pequenos pontos salientes em uma folha de papel e a leitura é feita por leve pressão da ponta dos dedos sobre esses pontos para a percepção de sua posição e número. Além de ler por meio do Braile, também é possível que os deficientes escrevam seus próprios textos. Isso é feito por perfuração do papel com um instrumento específico: a reglete.

Curiosidade
Cientistas britânicos da University College London, na Inglaterra, fizeram o primeiro mapa da dor humana, publicado em junho de 2014, no periódico *Annals of Neurology*. O estudo mostrou que a testa e a ponta dos dedos das mãos são as regiões do corpo mais sensíveis à dor.

Fato
A dermatologista Dra. Luciane Lima explica que, durante uma cirurgia, a função da anestesia é impedir que os impulsos nervosos gerados pelos receptores da dor sejam transmitidos pelos nervos e cheguem ao cérebro.

AS CAMADAS DA PELE

A pele é constituída por três camadas distintas – epiderme, derme e hipoderme –, porém uma depende da outra para o equilíbrio desse importante órgão, que é a pele humana, e também para o bom funcionamento de nosso organismo.

- A epiderme é a parte mais externa da pele e que fica em contato com o meio ambiente, tendo, por isso, a função de proteger o organismo contra os danos causados por agentes externos. Composta por tecido epitelial, a epiderme possui cinco camadas: basal, espinhosa, granulosa, lúcida e córnea.
- A derme é a segunda camada da pele, formada por tecido conjuntivo que, ao contrário do tecido epitelial da epiderme, é ricamente vascularizado. Os mecanismos responsáveis pelo tato estão na derme. Nela também estão presentes algumas glândulas, como as sudoríparas e as sebáceas.
- A hipoderme, ou tela subcutânea, é a última camada da pele. É composta por células gordurosas e é responsável pela reserva de nutrientes, e pela proteção dos vasos e nervos.

PROTEJA-SE

A principal causa do câncer de pele é a exposição excessiva ao sol sem proteção adequada. O melanoma é a forma mais agressiva da doença. De acordo com o Instituto Nacional do Câncer (INCA) o câncer de pele não-melanoma é o mais frequente no Brasil, representando 25% de todos os casos de diagnóstico de câncer.
Em 2013, foram 1,7 mil mortes causadas por não-melanoma e 1,5 mil mortes por melanoma. Os principais sintomas de melanoma são o surgimento de manchas e pintas ou aumento de pintas já existentes. Já no não melanoma são feridas que demoram mais de quatro semanas para cicatrizarem e manchas que coçam.
A Sociedade Brasileira de Dermatologia recomenda o uso diário de protetor solar FPS 30 com proteção UVA e UVB e evitar a exposição das 10h às 16h, período em que os raios UVB são mais fortes.

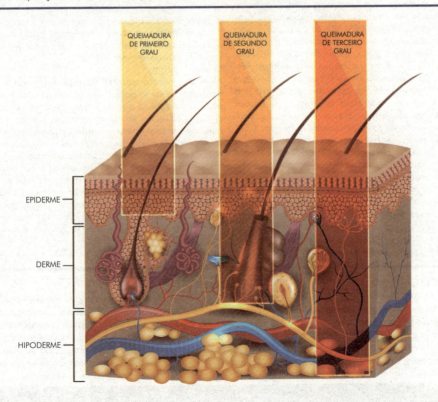

SISTEMA SENSORIAL

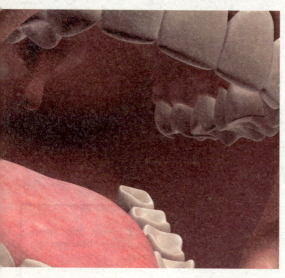

PALADAR

Entre diversas funções como falar, mastigar e deglutir, a língua é responsável pelo sentido do paladar. Tudo isso é feito com a ajuda de 17 músculos, que lhe proporcionam flexibilidade para realizar essas importantes funções. Esses músculos voluntários são os únicos do corpo humano que não se cansam de trabalhar. É graças ao paladar que podemos sentir o sabor dos alimentos. Afinal, imaginem que chato seria comer sem sentir o gosto? Contudo, para que seja possível sentir os sabores, o cérebro precisa interpretar os estímulos gustativos. Isso acontece por meio de receptores da língua, chamados papilas gustativas. Elas são uma espécie de mucosa com muitas elevações pequenas que recobre a língua. Consideradas células quimiorreceptoras, isso quer dizer que as papilas são especializadas em detectar a presença de substâncias químicas. Isso acontece porque elas são conectadas a terminações nervosas que captam os estímulos do sabor e enviam os impulsos nervosos para o cérebro. Lá, os sabores são transformados em sensações gustatórias. Nesse processo, a saliva também é importante, pois ajuda a capturar os sabores dos alimentos sólidos e, além dela, o olfato, acaba ajudando também nessa tarefa. Existem papilas gustativas especializadas na percepção dos quatro sabores básicos. São elas:: doce, amarg(o), azedo e salgado.

Papilas filiformes: responsáveis pela sensação do sab(or) doce, localizados na ponta da língua.

Papilas fungiformes: responsáveis pela sensação do s(a)bor salgado, que ficam na lateral, após as papilas d(o)ces.

Papilas foliadas : responsáveis pelas sensação do sab(or) ácido, também localizadas na lateral.

Papilas circunvaladas: responsáveis pela sensação (do) sabor amargo, que concentram-se mais ao fundo, (no) meio da língua.

O cirurgião dentista, Dr. Arthur Iera, explica que tod(as) as papilas têm a capacidade de sentir todos os sabore(s), porém, em determinadas regiões da língua, estes sab(o)res são mais intensos, pois o alimento é tocado na p(a)pila correspondente. Há substâncias insípidas, que n(ão) afetam as papilas, ou seja, não sentimos o gosto, com(o) é o caso da água.

Cada tipo de papila se localiza em uma região especí(fi)ca da língua. A combinação de estímulos nesses quat(ro) tipos de receptores transmite ao sistema nervoso info(r)mações sobre o sabor dos alimentos que ingerimos. A(s)sim, sabemos exatamente o que estamos comendo! (A) temperatura do alimento também influencia no sabo(r). Ao consumirmos alimentos gelados, a tendência é ide(n)tificar melhor sabores azedos e, em alimentos quente(s) o sabor doce. Para comprovar, basta fazer um tes(te). Experimente um chocolate em temperatura ambiente (e) o mesmo produto após algum tempo na geladeira. segundo parecerá menos doce.

O sabor umami

Além dos quatro sabores básicos, há ainda o umam(i,) um sabor descrito pela primeira vez pelo químico jap(o)nês Kikunae Ikeda e reconhecido mundialmente apen(as) em 2000. Umami significa saboroso em japonês, é (o) que nos faz sentir mais vontade de comer determinad(os) alimentos. Produtos que contenham aminoácido glut(a)mato, e os nucleotídeos guanilato e inosinato, present(es) no tomate, no queijo, nos cogumelos e nas carnes, s(ão) os responsáveis pelo umami. Para sentir melhor este s(a)bor, o ideal e fazer a combinação de dois alimentos q(ue) o ativem, por exemplo, uma macarronada com mol(ho) de tomate e parmesão. O umami também aumenta (a) salivação e mantém o gosto na boca por mais tem(po) após a ingestão do alimento.

Incrível: Há cerca de 10.000 papilas na língua human(a).

Atenção
Há mais de 600 tipos de bactérias na boca e cerca de metade delas vive na superfície da língua. Em um mililitro de saliva, pode existir até um milhão de bactérias. Portanto, não se esqueça de escovar sempre os dentes e a língua, mantendo sua higiene bucal em dia!

Cuide-se!
As papilas gustativas da superfície da língua são capazes de captar todos os quatro sabores primários: doce, amargo, azedo e salgado. No entanto, tabagistas podem ter a capacidade do paladar prejudicada, porque o cigarro diminui a sensibilidade da língua, causando Ageusia, ou seja, a ausência do paladar. O Dr. Iera salienta que, com a abstenção de tabagismo, as papilas gustativas tendem a restabelecer os padrões normais.

OLFATO

Hummmm, como é bom sentir um cheiro gostoso. Seja de um perfume, seja da nossa comida favorita, os aromas agradáveis são tão gostosos de sentir que até ativam nossa imaginação. O cheiro nos traz a lembrança de um lugar e até de uma pessoa, desperta sensações, transmite desejos e aumenta o apetite. Quem nunca sentiu aquele cheiro de bolo que imediatamente remete a um momento da infância? É por essas e outras que o olfato é um dos sentidos mais importantes do nosso corpo.

O órgão responsável pela captação dos cheiros é o nariz, ou melhor, as narinas, suas duas cavidades. Elas são uma espécie de escavação no interior do nariz, e é por elas que o ar entra no trato respiratório. As narinas são divididas em dois compartimentos, um direito e outro esquerdo, separadas pelo septo nasal. Elas são revestidas pela mucosa respiratória e por pelos, que filtram, umedecem e aquecem o ar que respiramos e que chega aos nossos pulmões, além de ser lá que ficam as células receptoras do olfato, responsáveis pelo funcionamento desse sentido. Cada compartimento dispõe de um orifício anterior que é a narina e um posterior denominado coana, que fazem a comunicação da cavidade nasal com a faringe.

O FLUXO FUNCIONA ASSIM...

As narinas recebem o ar, que flui através de suas cavidades. Mais uma vez, o sistema nervoso e os neurônios entram em ação! As células receptoras do olfato – que são neurônios –, encontradas no topo da cavidade nasal, captam as moléculas aromáticas dissolvidas no ar e enviam impulsos nervosos ao cérebro, onde são produzidas as sensações olfatórias. "A sensibilidade das células olfativas é muito grande. Por isso, poucas partículas já são capazes de estimular o sentido do olfato", explica a Dra. Cristiane Rocha, neuropediatria e professora da Faculdade Santa Marcelina. Contudo, o sistema olfativo humano não é tão desenvolvido quanto o dos animais que têm um ótimo faro. Dessa forma, somos capazes de detectar um odor de cada vez. Em situações nas quais existem vários cheiros no ar, o mais intenso será o dominante. Porém, a Dra. Cristiane Rocha lembra que o olfato tem uma grande capacidade de adaptação. Isso explica porque, quando estamos expostos a um forte odor, a sensação olfativa, que a princípio é forte e até nos irrita, logo passa a ser imperceptível.

OBSTRUÇÃO NASAL

Qualquer alteração no nariz, como um resfriado, ou inflamações do trato respiratório, como sinusite e rinite, deixam as narinas inchadas e dificultam passagem do ar. Esse inchaço que faz com que haja uma obstrução nasal é uma forma de o organismo se defender de agentes externos. Ele faz esse bloqueio para não deixar o agente agressor entrar nas narinas e, através dos espirros, remove as substâncias intrusas. Por isso, seu nariz "entope" quando você está gripado! Essa obstrução é uma resposta inteligente de seu organismo, tentando protegê-lo para que os vírus da gripe não alcancem seus pulmões através do ar.

POR QUE ESPIRRAMOS?

O espirro é um ato involuntário, controlado pela mesma região do cérebro que controla a respiração, chamada centro respiratório. O fato de ser involuntário quer dizer que o cérebro controla essa ação sozinho, ou seja, você não precisa se lembrar que tem que espirrar, tampouco consegue controlar o espirro, pois ele acontece automaticamente.

O espirro surge porque algo irritou o nariz. Pode ser uma sujeira que entrou onde não devia, uma poeirinha, uma fumaça ou até um cheiro que o irritou. Quando isso acontece, o centro respiratório é avisado, interrompendo a respiração normal e gerando o espirro. Assim, esse espirro sai levando consigo tudo o que está em seu caminho, ou seja, limpando as sujeiras que obstruem as narinas.

SISTEMA SENSORIAL

AUDIÇÃO

Os ouvidos sãos os órgãos responsáveis pela audição. Para que ela aconteça células mecanorreceptoras (neurônios), que ficam no seu interior, captam os estímulos mecânicos e os transmitem em impulsos nervosos ao Sistema Nervoso Central, que responde nos fazendo ouvir.

Para entender como os ouvidos funcionam, precisamos saber que o som é uma vibração originada por alterações na pressão e que se propaga através de meios elásticos, chamado ondas sonoras.

A divisão do ouvido em três partes – externo, médio e interno – ajuda a entendermos melhor como ele funciona. A neuropediatria e professora da Faculdade Santa Marcelina, Dra. Cristiane Rocha, explica que as ondas sonoras são captadas pelo ouvido externo, que é composto pela orelha e pelo canal auditivo externo. "Ao final desse conduto auditivo é que fica o tímpano, uma membrana que vibra de acordo com a intensidade e a frequência do som", destaca. Daí, aquela brincadeira quando ouvimos um som muito alto e dizemos que vai estourar nossos tímpanos! Eles realmente podem estourar! Então, para que possamos ouvir, as vibrações do tímpano são transmitidas para um conjunto de pequenos ossos articulados (martelo, bigorna e estribo) situados no ouvido médio. "O movimento desses ossículos é que promove a passagem do som do ouvido externo para o interno. Essa vibração age sobre uma câmara chamada de janela oval, que possui, em seu interior, um líquido, denominado perilinfa, o qual está repleto de células receptoras. Essas células sensoriais captam as vibrações no meio líquido e transformam-nas em impulsos nervosos, que são transmitidos para sistema nervoso central, gerando a resposta da audição", explica a doutora.

*VOCÊ SABIA?

Também relacionado ao processo de envelhecimento natural está o crescimento das orelhas. Ao contrário dos olhos, que são sempre do mesmo tamanho, as orelhas nunca param de crescer. Pesquisadores da VA Medical Center e da Texas Tech University descobriram que sua circunferência aumenta uma média de 0,51 milímetros por ano.

PROTEÇÃO NATURAL

A cera de ouvido, ou cerúmen, é produzida pelas glândulas sebáceas e tem como função proteger os ouvidos de micro-organismos que podem prejudicar a audição e causar infecções. Quanto mais se remove a cera, mais se estimula a produção. O ideal é limpar os ouvidos após o banho com uma toalha. Especialistas desaconselham o uso de hastes flexíveis ou qualquer outro utensílio que possa entrar no ouvido, pois há o risco de atingir o tímpano.

Lembre-se!

É fato que a perda da audição faz parte do envelhecimento natural do indivíduo, ou seja, quando ficamos mais velhos, passamos a não ouvir com a mesma perfeição de antes. Isso se chama presbiacusia e ocorre devido à morte de algumas células auditivas. Entretanto, doenças como diabetes, pressão alta e tabagismo podem acelerar esse processo.

Cuide-se!

Segundo a Associação Brasileira de Otorrinolaringologia, mesmo após perceberem algum dano à audição, as pessoas demoram cerca de sete anos para procurar um especialista e mais dois anos para escolher um tratamento. Esse descuido pode levar à surdez definitiva.

MULTIFUNÇÃO

Além da audição, o ouvido também é responsável pelo equilíbrio. Sim, é dentro do ouvido interno que está localizado o centro do nosso equilíbrio. "Ele se chama aparelho vestibular e é formado por um conjunto de órgãos que inclui três canais semicirculares que se juntam a uma região central chamada vestíbulo. Essa região apresenta ainda duas estruturas chamadas sáculo e utrículo, além da cóclea, que é a sede do sentido da audição", explica a neurologista Dra. Cristiane Rocha. O conjunto dessas estruturas chama-se labirinto.

É válido saber que, dentro dos canais semicirculares, existe um líquido. Quando a cabeça se movimenta, esse líquido também se mexe e estimula as células ciliadas, que, por sua vez, enviam impulsos nervosos ao sistema nervoso, mantendo assim o corpo em uma posição de equilíbrio. Por conta dessa relação direta entre o equilíbrio e o ouvido, que doenças que acometem o sistema auditivo, como a labirintite, acabam gerando tonturas e perda do equilíbrio. Outra função do ouvido está relacionada à percepção dos movimentos. Assim, podemos perceber um movimento através do som, mesmo que não estejamos vendo o que se move.

THE WHO AND THE WHAT
O MISTÉRIO DOS HEMISFÉRIOS

Ao ouvirmos uma voz, logo procuramos identificar se é de alguém conhecido, ao mesmo tempo em que, pelo tom da voz, tentamos perceber o sentimento da pessoa que fala, se ela está alegre, nervosa ou triste. Para colher tantas informações juntas, os neurônios responsáveis pela audição têm que trabalhar bastante.

Sabemos que o cérebro é dividido em dois hemisférios, e o funcionamento deles juntos ou separados é alvo de constantes pesquisas que intrigam os cientistas. A captação da audição se dá através de neurônios situados nos dois lados do cérebro, sendo que do lado direito estão os neurônios do reconhecimento da voz, enquanto no hemisfério esquerdo estão os que decifram o significado da fala.

O interessante é que, no passado, achava-se que esses dois módulos funcionavam de forma independente: um deles adivinhando "Quem" e o outro "O Que". Daí a expressao *The Who and The What*. Porém, em 2011, o grupo de cientistas do Tyler Perrachione, do MIT, publicou um estudo na revista *Science*, contradizendo essa teoria. Desde então, o conceito de independência entre "o que" e "quem" não é mais considerado. Portanto, sabemos que, para acionar a audição, os neurônios responsáveis por tal sentido são acionados nos dois hemisférios cerebrais, trabalhando conjuntamente na identificação da voz e na interpretação das palavras.

Um estudo da Associação Proteste de 2015 revelou que o hábito de jovens ouvirem música em volume alto nos fones de ouvido pode causar danos irreversíveis à audição. Os primeiros sinais de perda de audição podem ser sentidos na faixa dos 20 anos de idade. A recomendação é que o volume não passe de 80 dB, em torno da metade da capacidade do volume de um fone e que, a cada uma hora de música, seja dado um tempo de descanso aos ouvidos.

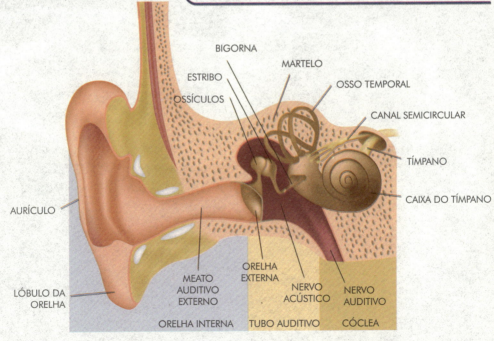

CAPÍTULO 7

Sistema
NERVOSO

Em todos os momentos, recebemos estímulos em nossa relação com o mundo: pode ser externo – como sentir um cheiro – ou interno – como ficar com fome. E tudo ocorre no Sistema Nervoso Central, que coordena ações voluntárias e involuntárias, transmitindo sinais entre as diferentes partes do organismo. A seguir, entenda melhor como funciona esta rede de comunicação do nosso corpo

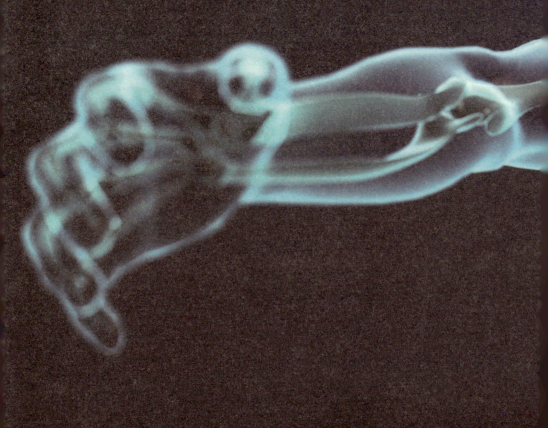

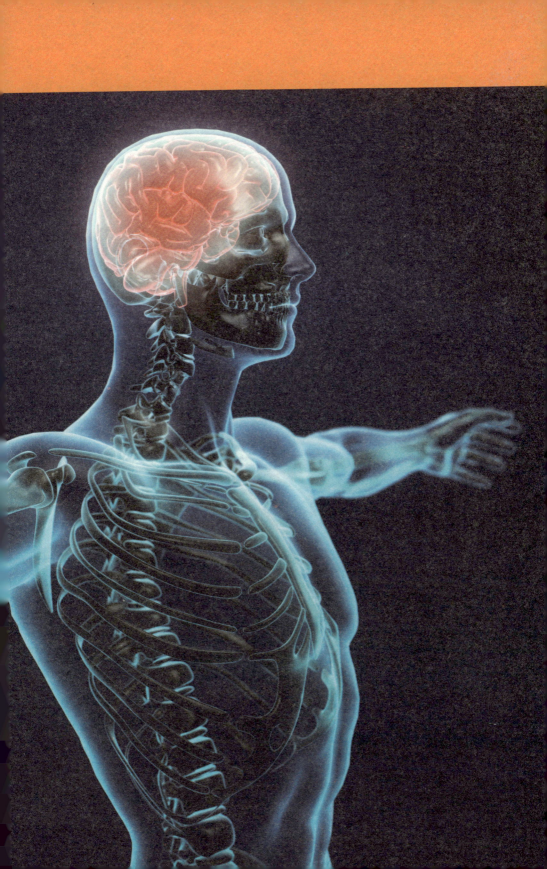

SISTEMA NERVOSO

NÓS E O MUNDO

O Sistema Nervoso – ou Sistema Neural – é responsável pela integração do organismo com o meio ambiente. Falando de uma forma mais simples, é ele quem coordena as funções corporais e cria respostas para dar ao lugar em que vivemos

Por Aline Ribeiro • Fotos Shutterstock

O Sistema Nervoso é constituído por células da glia, poucas substâncias intracelulares e o seu principal componente: os neurônios. Segundo o Dr. Antônio Cesar Azevedo Neves, neurologista e neurocirurgião da Unimed do Brasil, "é por meio da interconexão dos neurônios que são formados os chamados circuitos neurais, que fazem a recepção e a condução de impulsos de natureza elétrica no organismo, para que esse produza respostas, como os reflexos. Assim, através da detecção desses estímulos, tanto físicos quanto químicos, a informação é transferida aos demais sistemas do corpo. As mensagens são enviadas das conexões neuronais aos nervos e destes aos músculos ou gânglios e, assim, as respostas do corpo são desencadeadas em reações, sensações e armazenamento de informações".

ENTENDA MELHOR CADA COMPONENTE

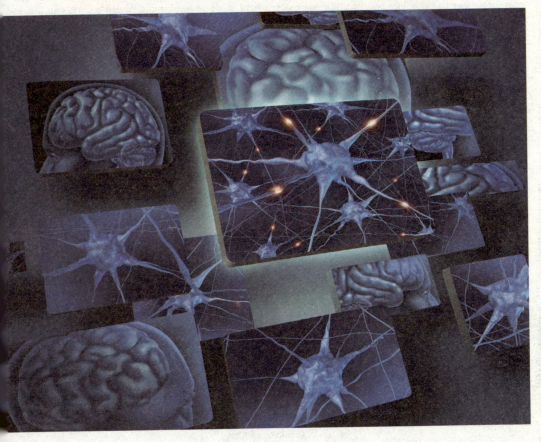

CÉLULAS DA GLIA

Também chamadas de células gliais, têm a função de dar sustentação aos neurônios e auxiliar no seu funcionamento. "As células da glia não são neuronais, ou seja, não conduzem impulsos nervosos. Elas são necessárias apenas para nutrir e defender o Sistema Nervoso por meio do fornecimento de oxigênio e da destruição de células doentes – uma ação semelhante a dos glóbulos brancos no sangue", explica o Dr. Antônio Cesar Azevedo Neves.

Localizadas em nosso cérebro, elas constituem cerca de metade do volume do encéfalo. Há diversos tipos de células gliais, como os astrócitos, que se dispõem ao longo dos capilares sanguíneos do encéfalo, controlando a passagem de substâncias do sangue para as células do Sistema Nervoso, os oligodendrócitos e as células de Schwann, que atuam como isolantes para a sobrevivência dos neurônios. Isso porque no axônio – corpo do neurônio – há uma importante camada chamada bainha de mielina. É ela que isola os neurônios para que não haja interferência na comunicação entre eles. Porém, os oligodendrócitos e as células de Schwann são os responsáveis pela formação e manutenção das bainhas de mielina, sendo o primeiro no Sistema Nervoso Central, e o segundo atua no Sistema Nervoso Periférico.

SUBSTÂNCIAS INTRACELULARES

São substâncias químicas neurotransmissoras. Diversos neurônios do Sistema Nervoso Central liberam diferentes neurotransmissores de efeitos instantâneos, como aminoácidos (glutamato), ácido-aminobutírico (Gaba), glicina e amina (acetilcolina). Existem também os neurotransmissores derivados de precursores de proteínas, os chamados peptídeos neurotransmissores ou neuropeptídios. Eles são responsáveis pela mediação de respostas sensoriais e emocionais, tais como a fome, a sede, o desejo sexual, o prazer e a dor.

SISTEMA NERVOSO

NEURÔNIOS

O Sistema Nervoso é responsável por coordenar as funções corporais e isso acontece por meio dos neurônios, também chamados de células nervosas. "Ele é o principal componente do Sistema Nervoso. Podemos considerá-lo como sua célula-mãe, que é responsável por suas funções, ou seja, pela transmissão dos impulsos nervosos", diz o neurologista Dr. Antônio Cesar Azevedo Neves. Ele explica que os neurônios estabelecem conexões entre si quando recebem estímulos do ambiente externo ou do próprio organismo e são essas conexões que são responsáveis por tudo o que somos e o que fazemos. Segundo o médico, os bilhões de neurônios contidos no cérebro humano podem variar quanto ao tamanho, à forma e à função. A estrutura básica de um neurônio é: corpo celular, dentritos e axônio.

Corpo celular: é a parte mais volumosa da célula nervosa, onde se localizam o núcleo e a maioria das estruturas citoplasmáticas. De lá, partem numerosas ramificações.
Dendritos: são prolongamentos menores e ramificados (como arborizações) que conduzem os estímulos captados do ambiente ou de outras células em direção ao corpo celular. Ou seja, fazem a comunicação entre os neurônios por meio das sinapses (veja mais sobre esse processo ainda neste capítulo).
Axônio: é um prolongamento fino, único e longo, podendo medir mais de um metro de comprimento, envolvido por uma camada isolante chamada bainha de mielina. Sua função é transmitir para outras células os impulsos nervosos provenientes do corpo celular.

TIPOS DE NEURÔNIO

Os neurônios podem ser classificados quanto à forma e função.
Neurônios multipolares: apresentam mais de dois dentritos. A maioria dos neurônios presentes no ser humano é deste tipo.
Neurônios bipolares: compostos por um dentrito e um axônio, são encontrados nos gânglios coclear e vestibular, na retina e na mucosa olfatória.
Neurônios pseudounipolares: apresentam prolongamento único próximo ao corpo celular, mas este divide-se para os sistemas central e periférico. São encontrados nos gânglios espinhais.
Neurônios unipolares: possuem apenas um axônio.
Neurônios motores: saem do sistema nervoso central em direção ao periférico e são responsáveis pela execução de ações. Presentes nas vísceras, músculos e glândulas.
Neurônios sensoriais: captam mensagens do meio externo, interno, além de células sensoriais, e a enviam para o sistema nervoso central.
Neurônios interneurônicos: estabelecem conexões entre neurônios, formando circuitos complexos.

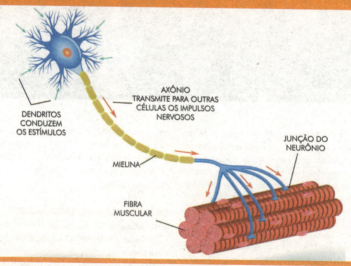

Fique por dentro

Vida de mãe não é fácil! São mil coisas para fazer e lembrar ao mesmo tempo. Mas ainda bem que o cérebro dá uma força nesse momento. É que um estudo da Universidade Tufts, nos EUA, comprovou que o comportamento materno estimula a criação de novos neurônios, durante e após a gravidez. Assim, as mães melhoram sua percepção, eficiência e motivação, entre outros fatores.

Impressionante!
Os seres humanos possuem cerca de 86 bilhões de neurônios (células nervosas) no cérebro.

Você sabia?
O cérebro é constituído por cerca de 75% de água. Além disso, ele utiliza 20% do total de oxigênio de seu corpo.

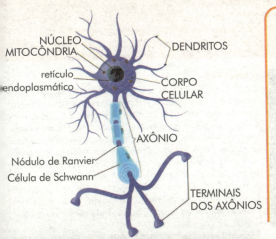

PLASTICIDADE NEURAL
Essa capacidade que o Sistema Nervoso tem de se adaptar – ou que os neurônios têm de formar novas conexões a cada momento – é chamada de plasticidade neural. Segundo Dr. Antônio Cesar, entende-se que as pessoas são capazes de modificar seus comportamentos em função de experiências passadas, ou seja, por meio do aprendizado ou como adaptação a condições mutantes e estímulos repetidos. Isso quer dizer que o ser humano tem, a todo instante, a capacidade de provocar mudanças e rearranjos em suas conexões sinápticas, possibilitando novas aprendizagens. Assim, por exemplo, uma pessoa que sofreu um acidente e teve uma perda de massa encefálica que gerou alguma deficiência, como de fala, visão ou motora, pode se recuperar gradativamente e até ficar sem sequelas.

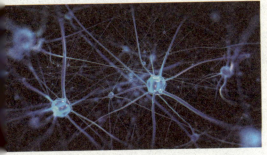

FATO
O álcool age diretamente no Sistema Nervoso Central (SNC), interagindo com os neurotransmissores e atrapalhando sua comunicação, causando mudanças de comportamento, em quem bebeu, como euforia e excitação, além de efeitos psíquicos, como redução da atenção e da memória recente. É por isso que muitas pessoas não se lembram do que fizeram no dia seguinte à bebedeira.

CONTANDO NEURÔNIOS
Uma pesquisa feita por brasileiros, na Universidade Federal do Rio de Janeiro (UFRJ), divulgada em fevereiro de 2009, descobriu que a média de neurônios em todo o encéfalo é de 86 bilhões, diferentemente do que a ciência acreditava até o momento, de que esse número era de 100 bilhões.
A nova contagem teve como amostra quatro cérebros sadios de homens entre 50 e 70 anos e a pesquisa levou seis anos para ser feita com precisão. Os neurocientistas Suzana Herculano-Houzel e Roberto Lent, professores da universidade e responsáveis pelo estudo, perceberam também que o número de nossos neurônios é compatível com a dimensão cerebral que temos. Além disso, eles descobriram que das células que estão na caixa craniana, 50% são neurônios, e não 10%, como pensavam os estudiosos. Segundo Lent, essas descobertas ajudaram na melhor compreensão do Sistema Nervoso, tanto para perceber as diferenças do desenvolvimento do cérebro, como também a perda neuronal com o envelhecimento ou com as doenças neurodegenerativas.
A pesquisa também revelou que a quantidade de células gliais – que servem como sustentação para os neurônios – é bem próxima ao número de neurônios, 85 bilhões, e bem menor do que se estimava, um trilhão. Porém, tanto elas quanto os neurônios aparecem em quantidades variáveis nas diversas regiões do cérebro.

CURIOSIDADE
Quem nunca tomou um cafezinho para relaxar e depois se sentiu com mais ânimo para voltar ao trabalho? Isso acontece porque a cafeína aumenta a liberação de neurotransmissores como a serotonina – responsável pela sensação de bem-estar – e aumenta o metabolismo do cérebro, melhorando a agilidade e a atenção, reduzindo a fadiga.

SISTEMA NERVOSO

NEURÔNIOS MIELÍNICOS X AMIELÍNICOS
Além de funcionar como um isolante, a mielina também acelera a passagem de impulso nervoso pelo axônio. Logo, os neurônios amielínicos, isto é, sem o revestimento de mielina, são mais lentos.

INCRÍVEL!
A velocidade de um impulso nervoso pode atingir 400 km/h. Os neurônios mais rápidos são os motores.

INTERESSANTE
Os nervos fazem parte do sistema nervoso periférico e contém milhares de axônios em seu interior. Comparando a uma corrente elétrica, eles seriam os cabos de força.

A SINAPSE
É por meio da estrutura do neurônio que se dá a passagem do sinal neural, conhecida como transmissão sináptica ou sinapse. "Ela nada mais é do que o processo que permite a comunicação entre dois neurônios, gerando os impulsos nervosos, que, por sua vez, produzem ações voluntárias e involuntárias, responsáveis pela captação da sensibilidade, pelo processo de cognição e pelo controle do sistema motor do corpo humano", explica o neurologista. Isso ocorre devido às características de sua constituição, onde é possível serem realizados esses processos eletroquímicos específicos de comunicação.

Em uma sinapse, os neurônios não se tocam, permanecendo um espaço entre eles, que é denominado de fenda sináptica, onde um neurônio pré-sináptico liga-se a um outro denominado neurônio pós-sináptico. O sinal nervoso (impulso) chega a sua extremidade e provoca na fenda a liberação de neurotransmissores depositados em bolsas chamadas de vesículas sinápticas. Esse elemento químico se liga quimicamente a receptores específicos no neurônio pós-sináptico, dando continuidade à propagação do sinal.

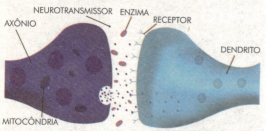

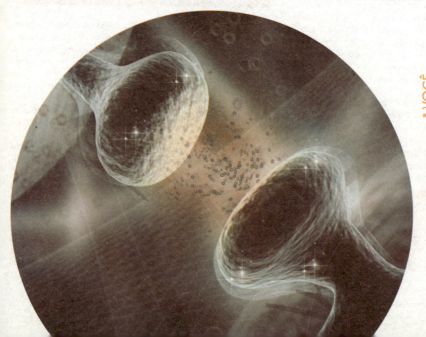

VOCÊ SABIA?
O córtex cerebral é um importante local de processamento neural, responsável por funções como memória, atenção, consciência, linguagem, percepção e pensamento.

DIVISÃO DO SISTEMA NERVOSO

Para compreender melhor como funciona o Sistema Nervoso, devemos entender cada parte que o compõe. Ele é dividido em: Sistema Nervoso Central (SNC) e Sistema Nervoso Periférico (SNP). O Sistema Nervoso Central (SNC) compreende o encéfalo (por sua vez constituído pelo cérebro, cerebelo e tronco cerebral) e a medula espinhal.

Já o Sistema Nervoso Periférico (SNP) é formado pelos nervos cranianos, espinhais e gânglios nervosos.

O SNC atua com informações relacionadas aos sentidos (visão, audição, olfato, paladar e tato) e à cognição (memória, pensamento, personalidade, raciocínio e inteligência). "É de onde saem os comandos de ação para os músculos do corpo. Nessa fase, de condução dos comandos, por meio de impulsos nervosos, que o SNP atua", explica Neves. "Ou seja, ao pensar em movimentar o dedo, a mensagem sai do cérebro, que fica no SNC, e é conduzida por um grupo de neurônios por meio do SNP até chegar ao músculo", ensina o médico.

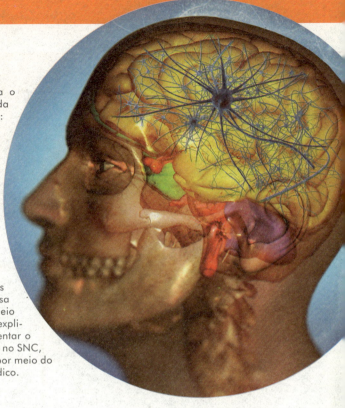

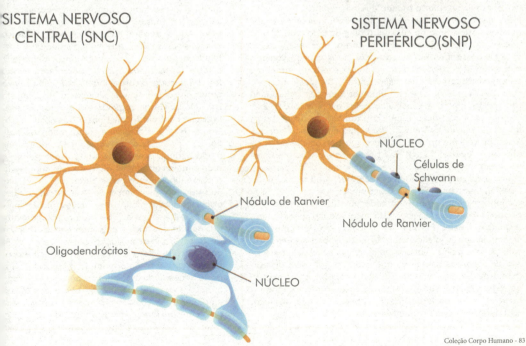

SISTEMA NERVOSO CENTRAL (SNC)

SISTEMA NERVOSO PERIFÉRICO (SNP)

SISTEMA NERVOSO

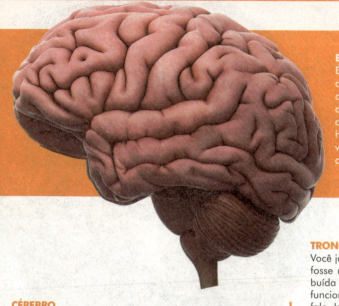

ENCÉFALO
É formado na fase embrionária, a partir do tubo nervoso, e constituído por um conjunto de estruturas especializadas que funcionam de forma integrada para assegurar unidade ao comportamento humano. O encéfalo é formado por diversas estruturas, entre elas o cérebro, o cerebelo e o tronco cerebral.

CÉREBRO
É a parte mais desenvolvida e importante do encéfalo. "O cérebro é complexo e intenso. É ele que controla as atividades motoras dos órgãos dos sentidos, além de estar relacionado à memória, capacidade cognitiva, linguagem, razão e emoções, ou seja, ações voluntárias e involuntárias", explica Dr. Antônio Cesar. Dessa forma, é ele que permite identificar, perceber e interpretar o mundo que nos rodeia.
Fisicamente é uma massa de tecido esbranquiçado e mole, que fica posicionada na cabeça, protegida pelo crânio. Pesa aproximadamente 2% do peso do corpo, mas recebe cerca de 25% do sangue bombeado pelo coração. Sua camada mais externa é conhecida como córtex cerebral, e é como se fosse a superfície do cérebro. Esta é composta por seis camadas de neurônios e tem uma cor mais acinzentada. Já sua região interna é constituída pelos axônios, o que lhes confere uma coloração mais clara em virtude da presença do estrato mielínico. Também é dividido em telencéfalo, que é sua porção maior, e diencéfalo, sua porção menor, logo abaixo do telencéfalo; em dois hemisférios, direito e esquerdo; e em quatro lobos, que recebem o nome dos ossos do crânio localizados acima deles. São eles: lobo frontal, lobo parietal, lobo temporal e lobo occipital.
Os lobos cerebrais possuem cada um sua função diferenciada. Na região da testa, está localizado o lobo frontal, responsável pelos movimentos voluntários e também pela personalidade e inteligência. Na parte superior central da cabeça, localiza-se o lobo parietal, responsável pela percepção de estímulos sensoriais que ocorrem por meio da epiderme ou órgãos internos. O lobo temporal é encontrado na região lateral, sob a orelha, e sua função está ligada à audição. Já na parte de trás da cabeça, na área da nuca, está o lobo occipital, responsável pela visão.

TRONCO CEREBRAL
Você já ouviu dizer que nosso cérebro é como se fosse um computador? Esta frase pode ser atribuída ao tronco cerebral, porque ele realmente funciona como se fosse o computador do encéfalo. Isso porque todas aquelas informações que entram através do Sistema Nervoso são conferidas e controladas pelo tronco cerebral que, em seguida, libera as mensagens para que o Sistema Nervoso controle o corpo inteiro. É ele que controla as funções vitais do corpo, como os batimentos cardíacos e a respiração. Funções das quais, que não temos controle nem consciência, sentimos apenas os efeitos, pois são controladas pelo tronco cerebral automaticamente. Dessa forma, pode-se dizer que ele é o sistema de sustentação da vida. "Se houver um acidente e o cérebro for destruído, mas o tronco cerebral não for prejudicado, o corpo poderá permanecer vivo ainda por algum tempo", explica o neurologista Dr. Antonio Cesar. Segundo ele, é o tronco cerebral que controla a consciência do nosso corpo. Como se fosse mesmo um computador, ele desliga as atividades do cérebro quando dormimos e liga quando acordamos, porém controlando e mantendo as atividades vitais, ou seja, mantendo o corpo funcionando nesse período.
Sua estrutura é formada por três partes: bulbo, ponte e mesencéfalo, que possuem ações integradas entre si. É o bulbo – uma região contínua da medula espinhal – que coordena os reflexos de tosse, espirro, salivação e deglutição, além das funções vitais, como batimento cardíaco, respiração e pressão arterial. O mesencéfalo é a parte relacionada à postura corporal, à atividade motora e aos movimentos de busca dos olhos, entre outras funções. Já a ponte, por sua vez, faz uma conexão com diversas partes do e

Fique por dentro!
Seu cérebro representa cerca de 2% do peso corporal, no entanto é responsável por usar de 20 a 30% das calorias que você ingere.

Fato
O cérebro é uma massa de tecido esbranquiçado, bastante mole ao tato, que ocupa cerca da metade do volume da cabeça.

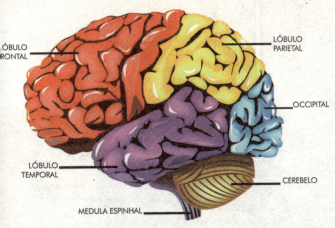

MEDULA ESPINHAL
Junto ao encéfalo, a medula espinhal completa o Sistema Nervoso Central. Sua estrutura estende-se do cérebro para baixo, ao longo da coluna. E é ao longo do seu comprimento que saem os nervos que formam o Sistema Nervoso Periférico. Como o bulbo, é também uma região contínua da medula, que também é responsável, junto ao tronco cerebral, por algumas funções vitais do corpo humano. A medula espinhal apresenta formato cilíndrico e não é uniforme; possui duas dilatações chamadas intumescência cervical e intumescência lombar, que são áreas que fazem conexão com os nervos do plexo braquial e lombossacral, ou seja, conectam-se aos nervos dos membros superiores e inferiores, respectivamente. Quando há uma lesão na medula, dependendo de sua altura, podemos ficar sem os movimentos dos membros inferiores ou até mesmo de todo o corpo, pois há uma ruptura na comunicação destes membros com o SNC. Muitas pessoas sofrem lesões após acidentes porque foram socorridas de maneira inapropriada. Apenas socorristas treinados devem tocar em vítimas acidentadas, pois eles sabem manusear o indivíduo sem agravar as possíveis lesões.

CEREBELO
O nome tem origem do latim e significa 'pequeno cérebro'. E não é para menos, afinal, compreende apenas 10% do cérebro, mas Ttem como principal função ajudar na coordenação dos movimentos e do equilíbrio do corpo, ou seja, é ele que nos ajuda a andar, a correr, a pular, a pedalar, entre outras atividades motoras. Está localizado na fossa craniana posterior. Possui uma forma ovalada, sendo que, na região central, tem seu formato diminuído por um achatamento. Ele é composto por dois hemisférios cerebelares e uma região central chamada vermis. O consumo de álcool interefere diretamente no cerebelo através de um processo chamado ataxia. Por isso, pessoas alcoolizadas apresentam dificuldades para manter o equilíbrio e controlar os músculos da fala.

VOCÊ SABIA?
O encéfalo e a medula espinhal são muito importantes para o bom funcionamento do sistema neural, porém, por serem tão delicados, um abalo mais violento pode lhes causar danos. Por isso, precisam de uma boa proteção contra acidentes. Dessa forma, além de o encéfalo ficar dentro do crânio, que é uma caixa óssea muito resistente, tanto ele quanto a medula contam ainda com a proteção de três membranas, as meninges, que os recobrem completamente. As camadas da meninge, de dentro para fora, são chamadas de pia-máter, aracnóide e dura-máter.
A dura-máter é composta de tecido conjuntivo denso que dá continuidade ao periósteo (membrana dos ossos) na caixa craniana. Nas vértebras, ela envolve a melula espinhal, mas separa-se do periósteo, originando o espaço epirudural, onde são encontradas veias e outros tecidos.
Já a aracnóide é uma membrana sem vascularização que faz contato com a dura-márter e também forma traves conectadas à pia-márter. Os espaços entre as traves apresenta o líquido cefalorraquidiano, que protege o SNC de traumatismos. A membrana ainda possui saliências que perfuram a dura-márter chamadas de vilosidades, e que tem como função transferir o líquido para a corrente sanguínea.
Extremamente vascularizada, a pia-márter adere ao tecido nervoso, porém sem contato com as células ou fibras nervosas. É através desta membrana que os vasos sanguíneos entram no tecido nervoso. A pia-márter tem fim antes dos vasos transformarem-se em capilares.

SISTEMA NERVOSO

FUNÇÕES DOS HEMISFÉRIOS DO CÉREBRO HUMANO

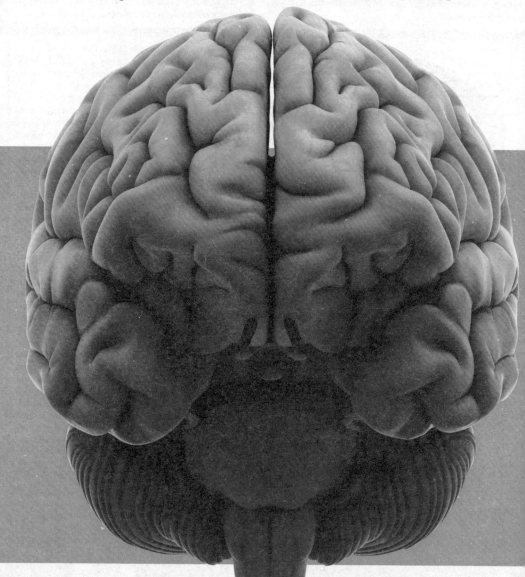

Atenção!
A ideia de que os hemisférios não são especializados em tarefas específicas ainda não caiu por terra. Precisa-se de mais estudos e comprovações científicas para que os neurocientistas assinem tal conclusão.

Fato
Algumas funções dos hemisférios cerebrais, porém, já foram comprovadas como bilaterais, como a fala e o raciocínio lógico, antes atribuídos ao lado esquerdo, e o reconhecimento de imagens e a capacidade musical, que antes eram exclusivos do direito.

CURIOSIDADE

O controle neuronal de cada metade do corpo é invertido, ou seja, o lado esquerdo do cérebro controla as funções do lado direito e vice-versa. Portanto, quem é destro tem seu braço direito – o usado para escrever – controlado pelo hemisfério esquerdo do cérebro.

LADO DIREITO
- Sensível
- Eterno, atemporal
- Receptivo
- Tácito
- Não linear
- Simultâneo
- Difuso
- Feminino
- Intuitivo
- Irracional

LADO ESQUERDO
- Intelectual
- Temporal, histórico
- Ativo
- Explícito
- Analítico
- Linear
- Sequencial
- Focal
- Masculino
- Temporal
- Verbal
- Lógico
- Racional
- Argumentador
- Experimental

Lembre-se!
O efeito invertido vale para os canhotos também. Dessa forma, eles controlam mãos e pés preferenciais – esquerdos – com o lado direito do cérebro.

HEMISFÉRIOS CEREBRAIS

O cérebro é dividido em dois hemisférios, que são unidos por uma estrutura denominada corpo caloso. Essa estrutura é formada por cabos neuronais, os axônios, e é responsável pela comunicação entre os hemisférios direito e esquerdo do cérebro. Cada hemisfério é responsável por algumas funções específicas. De modo geral, o hemisfério esquerdo é o do raciocínio lógico e matemático, ou seja, é ele quem elabora um raciocínio claro e ajuda a recordar sequências de acontecimentos. Enquanto o direito é o lado intuitivo, criativo e artístico. É ele o responsável, por exemplo, pelas mudanças no tom de voz da fala, denotando ironia ou humor, além do reconhecimento de rostos.

Apesar de cada lado ter suas funções determinadas, estudos recentes da Neurociência começaram a mostrar que isso não é mais considerado imutável, ou seja, algumas tarefas executadas pelo cérebro podem ser bilaterais. Portanto, apesar de algumas funções serem do lado esquerdo ou do direito apenas, elas podem trabalhar juntas, ou variar de acordo com a necessidade. Essa necessidade pode ser, por exemplo, em casos de pessoas que sofreram acidentes com lesões cerebrais. Apesar de terem perdido partes do cérebro responsáveis por funções como andar, falar e raciocinar, essas pessoas continuam a executar tais atividades usando o outro lado do cérebro, que não foi afetado. Essas pesquisas, porém, ainda são recentes e não estão cientificamente comprovadas, até porque há também a capacidade de plasticidade neural, que pode fazer com que a pessoa retome as funções perdidas por meio de uma reorganização dos neurônios.

Um estudo recente, feito pelos pesquisadores brasileiros Fernanda Tovar Moll e Roberto Lent – o mesmo que recontou os neurônios –, do Instituto D'Or de Pesquisa e Ensino (Idor) e do Instituto de Ciências Biomédicas da UFRJ descobriu um paradoxo sobre a comunicação entre os dois hemisférios cerebrais, que intrigava os cientistas há anos. Isso porque, apesar de em 1968 o neurocientista Roger Sperry ter descoberto que o corpo caloso era o responsável pela comunicação entre os dois hemisférios cerebrais – o que lhe rendeu o Prêmio Nobel em 1981 –, sabia-se que indivíduos que nasciam sem esse corpo caloso ou que o tiveram retirado por conta de alguma doença, como a epilepsia, continuavam mantendo a comunicação entre os dois hemisférios cerebrais, mas não se sabia como isso era possível. A pesquisa, publicada em abril de 2014, na revista americana Pnas (Proceedings of the National Academy of Sciences), identificou duas vias alternativas que ajudam a compensar a ausência do corpo caloso e permitem a transferência de informação entre os hemisférios cerebrais. Os autores do estudo acreditam que o desenvolvimento dessas vias alternativas de comunicação são resultado da nossa capacidade cerebral de modificar as conexões, a chamada plasticidade neural. Afinal, como já dito antes, nosso cérebro tem a capacidade de reorganização drástica, o que é comprovado tanto nesses casos, como nos casos de pessoas que recuperam as funções perdidas por partes do cérebro acidentadas. Como sempre, o órgão mais importante do corpo surpreende cada vez mais os cientistas que ainda têm muito a descobrir sobre seus mistérios.

SISTEMA NERVOSO

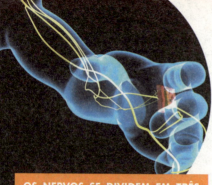

OS NERVOS SE DIVIDEM EM TRÊS TIPOS:
• Sensitivos: transmitem os impulsos nervosos do órgão receptor até ao SNC;
• Motores: conduzem o impulso codificado no encéfalo (SNC), até ao órgão efetor;
• Mistos: têm o mesmo papel dos sensitivos e motores.

SISTEMA NERVOSO PERIFÉRICO (SNP)
É formado pelos nervos cranianos, os nervos espinhais e os gânglios nervosos. Eles são como fios, que partem ao longo da medula espinhal e se dividem e se ligam com quase todas as partes do corpo. São esses nervos que transportam mensagens dos órgãos dos sentidos para o cérebro, e também instruções do cérebro para outras partes do corpo. É como se fosse uma rede de comunicação mesmo que recebe as informações, analisa e as dirige ao seu destino correto. O SNP é subdividido em: autônomo parassimpático e autônomo simpático. A diferença entre eles é que, no primeiro, os gânglios ficam longe do Sistema Nervoso Central, partindo do encéfalo ou da região sacral. Já no simpático, os gânglios se localizam nas proximidades da medula espinhal, partindo da região torácica e lombar. O SNP ainda divide-se em voluntário, ou somático, que é a capacidade de reagir a estímulos externos; e o autônomo, ou visceral, que regula o ambiente interno do corpo. É ele o responsável pelos movimentos do estômago durante a digestão, pelas batidas do coração, também pelos sistemas excretor e endócrino.

ARCO REFLEXO
Constituído por uma cadeia simples de neurônios, o arco reflexo independe da nossa vontade. É o que acontece, por exemplo, quando recebemos uma batidinha no joelho com a perna relaxada e suspensa. O arco reflexo envolve três neurônios: um sensorial, um associativo e um motor.

CUIDE-SE!
CONHEÇA AS PRINCIPAIS DOENÇAS DO SISTEMA NERVOSO

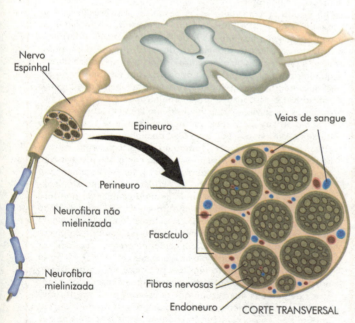

ACIDENTE VASCULAR CEREBRAL (AVC)
Popularmente conhecido como derrame cerebral, o AVC é um distúrbio grave do sistema nervoso. Seu próprio nome explica seu significado: acidente, por ser algo inesperado, vascular, porque se refere a vasos, e cerebral porque acomete uma das artérias que irrigam o cérebro. Para compreender melhor o que acontece no AVC, é preciso saber que o cérebro é irrigado por inúmeras artérias, que levam oxigênio e nutrientes necessários para o seu funcionamento adequado.
Existem dois tipos de acidentes vasculares cerebrais: os isquêmicos e os hemorrágicos. O primeiro acontece quando há a obstrução de uma dessas artérias, o que gera a falta de oxigênio, fazendo com que muitas células principalmente os neurônios, acabem morrendo. Já o hemorrágico acontece quando uma artéria se rompe e o sangue que ela deixa escapar dá origem a um hematoma ou coágulo, provocando sofrimento no tecido cerebral.

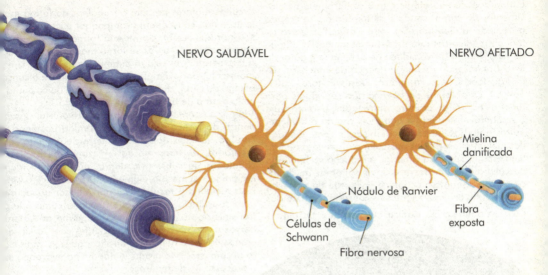

NERVO SAUDÁVEL — NERVO AFETADO
Células de Schwann
Nódulo de Ranvier
Fibra nervosa
Mielina danificada
Fibra exposta

ESCLEROSE MÚLTIPLA

A esclerose múltipla é uma doença que ataca o Sistema Nervoso Central, por meio do sistema imunológico, que agride a bainha de mielina – um isolante dos filamentos das células – atrapalhando a comunicação entre os neurônios. Com o progresso da doença, a bainha de mielina é destruída, e o Sistema Nervoso Central fica acometido, ou seja, a comunicação não funciona. "Por exemplo, um neurônio do córtex precisa mandar informação para o neurônio da medula espinhal que regula a contração da perna. Se nesse trajeto a bainha de mielina tiver sido agredida, a ordem não passará e a função não se realiza. A pessoa pensa em mexer a perna, mas, como a "fiação" está com problemas, o comando não chega lá", explica o neurologista. De forma simples, comparando ao cabo telefônico, é como se uma pessoa precisasse de 500 fios para essa comunicação e perdeu 50, isto é, a função ficará parcialmente comprometida.

Em entrevista ao site do Dr. Dráuzio Varella, o Dr. Dagoberto Callegaro, médico, coordenador do Ambulatório de esclerose múltipla do Hospital das Clínicas e professor de Neurologia da Universidade de São Paulo, lembra que, se as lesões na bainha forem intensas, a função pode ser perdida definitivamente. A esclerose é uma doença séria e que não tem cura, porém é possível espaçar os episódios de recorrência ou reduzir a intensidade dos surtos para que o paciente tenha uma vida melhor. O importante, segundo o especialista, é que se faça um diagnóstico diferencial, com base clínica e laboratorial, como a ressonância magnética, exames hematológicos e do líquido cefalorraquidiano que envolve todo o cérebro. O tratamento é diferente para cada caso, podendo ser por meio de remédios e terapias, com exames sendo repetidos a cada três ou seis meses, segundo o médico. "Como se trata de uma doença com manifestação remitente-recorrente, o objetivo do tratamento é reduzir a possibilidade de um novo surto, de uma nova exacerbação da doença. Isso significa tentar aumentar o intervalo entre um sintoma e outro", explica Callegaro.

Lembre-se!

Para que não haja interferência na comunicação entre os neurônios, eles são isolados um por um, como se fossem um fio telefônico, pela bainha de mielina.

Cuide-se!

A esclerose múltipla é uma doença que faz com que o sistema imunológico (de defesa) comece a agredir a bainha de mielina, atrapalhando o canal de comunicação e, assim, acomete o Sistema Nervoso Central.

SISTEMA NERVOSO

DOENÇA DE PARKINSON

É uma doença neurológica, que compromete os movimentos do corpo, sendo o sintoma mais conhecido a tremedeira. Segundo Dr. João Carlos Papaterra Limongi, médico neurologista, professor na Faculdade de Medicina da Universidade de São Paulo e autor do livro *Conhecendo melhor a doença de Parkinson* (Limongi, João Carlos Papaterra; Plexus Editora, 2001, 164 p.), os sintomas da doença não são iguais para todos os pacientes. Embora, entre todos, o tremor seja o sinal mais frequente e que mais chama a atenção, outros sintomas também podem surgir, como lentidão dos movimentos, rigidez muscular e alterações na fala e na escrita. Segundo Limongi, a redução do tamanho da caligrafia é um dos principais sintomas da doença de Parkinson. Isso acontece por conta da acinesia, que é a falta dos movimentos físicos, que são afetados com a doença. Ele explica que, no doente, alguns circuitos motores passam a trabalhar de forma ma[is] lenta e não conseguem acompanhar o ritmo da pes[soa] normal. Assim, da mesma forma que os passo[s] ficam menores e a voz se torna monótona, acontec[e] a micrografia, ou seja, a diminuição da letra. "Um [M] maiúsculo, por exemplo, que deveria quase alcanç[ar] a linha de cima, chega só até a metade do caminho [e] volta para a de baixo", diz o especialista.

Tudo isso acontece, segundo o neurologista, porqu[e] dentro do tronco encefálico, na região posterior d[o] cérebro, existem dois pequenos núcleos muito seg[mentados, do tamanho de um caroço de azeitona[,] chamados de substância negra, que contém mui[ta] melanina – o mesmo pigmento que escurece a pel[e.] Essa melanina é responsável por fabricar dopamin[a,] uma substância química que funciona como neur[o]transmissor, essencial ao funcionamento do sistem[a] nervoso. Acontece que, nos pacientes com Parkinso[n] essa substância negra fica atrófica, ou seja, mais cl[a]ra e, com isso, não produz a dopamina, entrando e[m] processo de degeneração.

Atualmente, existem tratamentos modernos qu[e] aliviam os sintomas e controlam a evoluç[ão] da doença, levando qualidade de vid[a] aos pacientes. O neurologista expl[i]ca que, ao descobrir que a doença [é] causada pela falta de dopamina, [o] tratamento farmacológico consist[e] em sua reposição. Mas, para qu[e] esse neurotransmissor chegu[e] ao cérebro, a solução encontr[a]da foi utilizar seu precursor, [a] levodopa ou L-Dopa. Esse tr[a]tamento, porém, apenas ne[u]traliza os sintomas, mas nã[o] interfere na evolução natur[al] da doença. Para isso, é usad[o] um tratamento com neuro[]protetor, que faz com que [as] células parem ou reduzam [a] degeneração. Segundo o ne[u]rologista, atualmente existe[m] centenas de drogas que já fo[]ram ou estão sendo estudad[as] com efeito potencialmente ne[u]roprotetor, mas nenhuma, porém[,] tem comprovação científica aind[a.] O importante é que o tratamen[to] seja iniciado no começo da doenç[a]. Mas é aí que está o perigo, pois, segu[n]do o neurologista, os primeiros sintoma[s] da doença de Parkinson demoram a apare[]cer, então, quando o paciente procura o méd[i]co, normalmente metade de suas células já est[ão] perdidas.

DOENÇA DE ALZHEIMER

[é] uma doença hereditária que causa demência dege[ne]rativa, caracterizando-se por uma deterioração in[tel]ectual profunda, desorientando a pessoa, que per[de] progressivamente a memória, as capacidades de [ap]render, falar e realizar movimentos comuns do dia [a-]dia. O médico psiquiatra do Laboratório de Neuroci[ên]cias da Faculdade de Medicina da Universidade de [São] Paulo, Dr. Orestes Forlenza explica que, durante [a] evolução da doença, que pode levar de oito a doze [an]os, vão surgindo alterações de comportamento e de [ou]tras funções intelectuais até, numa fase adiantada, [o p]aciente tornar-se dependente de alguém para aju[dá]-lo a cuidar das atividades diárias mais básicas.

[A p]erda de memória é o sinal mais comum do Alzhei[me]r, porém, quando se fala de pessoas idosas, é tam[bé]m tratada como algo comum a essa fase da vida [– c]erca de 10% de todas as pessoas acima de 65 anos [te]rem uma degeneração intelectual significativa –, o [qu]e faz com que muitos familiares demorem a buscar [aju]da, atribuindo a perda de memória de seus paren[tes] idosos à velhice. A diferença é que nos doentes a [difi]culdade de memorizar e registrar novas informa[çõ]es fica cada vez maior, já a capacidade de lembrar [as] informações antigas é preservada. Segundo Ores[tes], é por isso, que o paciente com Alzheimer, na fase [ini]cial, fala muito sobre o passado. Há uma lembrança [ext]raordinária de coisas que ocorreram há muito tempo, em compensação, não consegue lembrar-se o que fez ontem. Ele também explica que, em uma perda de memória decorrente da idade, que é muito comum, a pessoa se propõe a memorizar e consegue. Já aquele que tem Alzheimer não consegue registrar a informação. Com a progressão da doença, pode haver também a perda da capacidade de falar, de dirigir e até de desempenhar tarefas simples, como usar aparelhos domésticos, cuidar da própria higiene, alimentar-se, e vestir-se. Isso acontece porque são funções mentais que dependem da memória, como, por exemplo, a desorientação, que faz com que a pessoa se perca no tempo, sem saber que dia é hoje, ou no espaço, não sabendo o lugar onde está, ou se perdendo no caminho de volta.

O Alzheimer altera diversos grupos de neurônios do córtex-cerebral, mas sua causa ainda é pouco conhecida, podendo ser, além da predisposição genética, ligada a fatores congênitos, perturbações metabólicas, intoxicações, infecções por vírus, entre outros. Por conta disso, não existe uma prevenção para a doença, apenas tratamento médico-psicológico, para melhorar a qualidade de vida do paciente, retardando sua evolução. Porém, Orestes alerta que, devido a sua representatividade na população que envelhece, é uma área incessante de pesquisas, o que pode tornar sua cura não tão distante.

CAPÍTULO 8

Sistema
ENDÓCRINO

Os hormônios também são responsáveis por controlar o bom funcionamento do organismo. Afinal, eles mandam sinais e mensagens às células, como uma ordem do que deve ser feito. Sim, o Sistema Endócrino é capaz de regular o apetite, a sede e até o desejo sexual. Ficou curioso? Então, vamos lá!

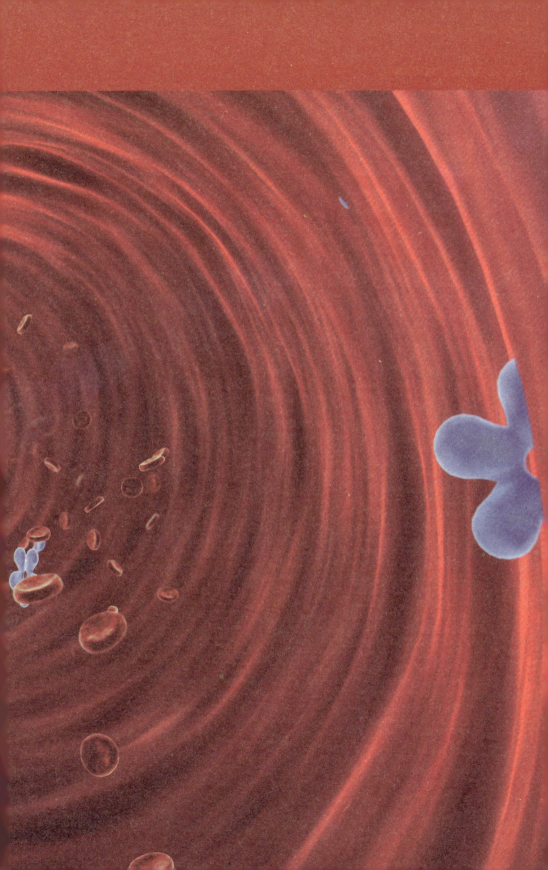

SISTEMA ENDÓCRINO

MENSAGEIRO
EFICAZ

O conjunto de glândulas que trabalha lado a lado do sistema nervoso é o grande responsável por integrar diversas ações do corpo humano

Por Evelyn Moreto • Fotos Shutterstock

Pineal

Sono, fome, paixão, raiva ou angústia? Medo também. Você sabe quem mandou o sinal ao organismo de sua mãe, dizendo a hora em que estava pronto para nascer? E o leite materno, quando começa a ser produzido? A mesma pergunta pode ser feita a respeito de secreções sexuais e tantos outros "mistérios" da máquina humana. Afinal, como o organismo sabe que é hora de acordar e hora de dormir, como se adequa ao dia e à noite? A resposta é sempre uma só: a culpa é toda dos hormônios. Substâncias produzidas em quantidades microscópicas pelas glândulas, são os hormônios que controlam o bom funcionamento do organismo. Compondo o sistema endócrino, sobre o qual falamos aqui e nas páginas a seguir, eles estão presentes em muitos dos processos químicos que acontecem no organismo, mandando sinais e mensagens às células, quase como uma ordem do que deve ser feito. Eficazes, cada um deles tem uma função, e saem da glândula de origem rumo à célula que irá recebê-lo, atravessando os caminhos da corrente sanguínea, sem errar o trajeto. É como quando se está com sono, é comum bocejar, certo? Isso só acontece porque a pineal, uma glândula que regula os ritmos do organismo, manda, a partir do hormônio por ela produzido, sinais ao receptor da célula responsável por cada bocejo. Diferindo das mensagens elétricas, mandadas pelo sistema nervoso, as hormonais são mais lentas, porém igualmente eficazes e costumam complementar as ações do cérebro. Por exemplo: imagine-se atravessando uma rua quando, de repente, surge um carro. A partir de um reflexo cerebral, o esperado é que se dê um passo para trás, corra ou tome qualquer decisão, rápida e eficaz, que esteja livre de perigo. Ao mesmo tempo, certa glândula libera o hormônio da adrenalina, estimulando o coração, elevando a pressão arterial e preparando o corpo para qualquer grande esforço físico. E é exatamente por ter esta função complementar que os hormônios exercem sobre o trato neurológico que o sistema endócrino é também comumente chamado de sistema hormonal.

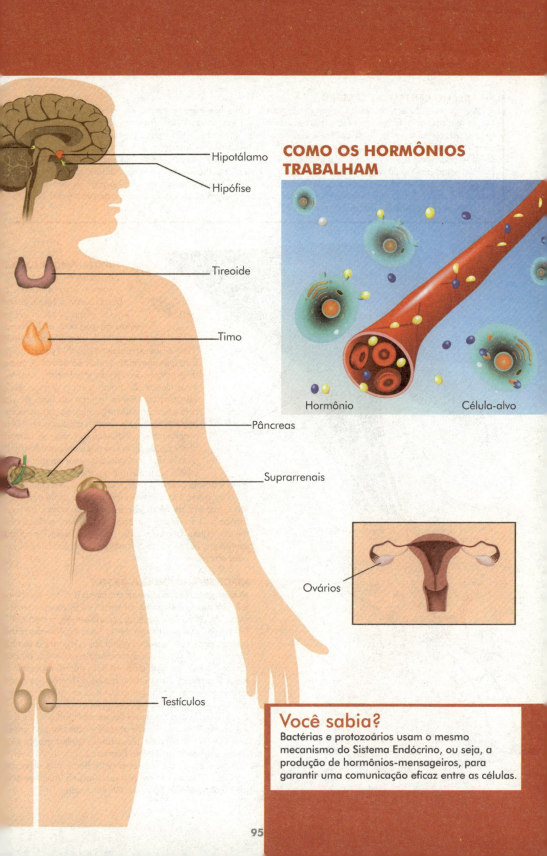

SISTEMA ENDÓCRINO

PINEAL: NO CENTRO DO CÉREBRO

Também nomeada epífise neural, a pequena glândula que fica bem no centro de um dos órgãos vitais do corpo humano tem funções muito discutidas entre os especialistas. Tais discussões ocorrem, justamente, pela sua localização. De difícil acesso e em constante "confusão" com outras partes do órgão, gera uma série de especulações. "Até hoje é comum fóruns de pesquisas e discussões sobre o pineal, mas o que já se sabe não deixa dúvidas", indica o endocrinologista Vinícius Pereira, membro da Sociedade Brasileira de Endocrinologia e Metabologia. "É no pineal que ocorre a regulação dos ciclos circadianos (de dia e noite), o ciclo do sono e até alguns controles de impulsos sexuais", explica. Assim, um dos hormônios derivados do pineal é a melatonina, que, entre suas funções relacionadas ao sono, ainda é capaz de proteger o cérebro e auxiliar na recuperação dos neurônios.

Hipotálamo

Células Neurosecretoras

Hipófise Anterior

Hipófise Posterior

Artéria

Veia

HIPOTÁLAMO: AJUSTES NECESSÁRIOS

Imagine uma estrutura c de controlar a fome, a sec apetite e ainda ser o centro expressão corporal e do comp mento sexual. Pois através dos neurôni isso o que o hipotálamo faz. No corpo da mu com a produção do hormônio ocitocina, tem c duas funções de extrema importância, sobretud maternidade. Ele passa a ser o grande respo vel pelas contrações uterinas na hora do po pela contração dos músculos da mama dura amamentação. Há ainda a produção de ADH, propriedades antidiuréticas, capaz de aumen absorção de água dos rins e até pressão sang a partir da constrição dos vasos sanguíneos. " potálamo também é a parte do cérebro que r tanto o apetite quanto a sede. Muitas vezes, em confusão, sidratação leve é muitas vezes interpretada como a sensaç fome, quando, na verdade, o seu corpo só precisa de líqu explica a Dra. Viviane Christina de Oliveira, endocrinolo metabologista. Contudo, antes de serem liberados na co sanguínea, os hormônios secretados pela glândula são le para a hipófise.

HIPÓFISE: A GLÂNDULA-MESTRE

Muitas glândulas só conseguem cumprir o seu trabalho funcionamento da hipófise estiver em perfeito andamento. mada de glândula-mestre ou glândula-mãe, é dela que hormônios que funcionam como uma espécie de come centrais para que as outras glândulas cumpram a sua fu Localizada em uma região chamada cela túnica, na ba cérebro, a hipófise é dividida em duas partes, a posterior terior. A posterior basicamente recebe os hormônios secre pelo hipotálamo e os joga na corrente sanguínea quand cessário. Indo além, a hipófise anterior produz seus pr hormônios, que têm grandes responsabilidades sobre o d volvimento humano. Parece até difícil acreditar que uma tura com o tamanho de um grão de ervilha exerça tan responsabilidade no sistema hormonal!
A neuro-hipófise é responsável pelos hormônios ocitocin ativa as contrações do parto, e vasopressina (ADH), respo pela reabsorção de água nos túbulos renais.

CONHEÇA OS HORMÔNIOS PRODUZIDOS PELA HIPÓFISE
Tireotrópicos: têm ação direta sobre o funcionamento da tireoide
Adrenocorticotróficos: atuam na glândula suprarrenal, liberando cortisol
Gonadotróficos: são ligados às glândulas masculinas e femininas, ligadas ao crescimento, sexualidade e ciclo menstrual da mulher
Somatotróficos: estimulam o crescimento, o desenvolvimento da massa muscular e aumenta o nível de concentração de glicose no sangue
Somatotrofina: controla o metabolismo de gorduras, proteínas e carboidratos, além de agir nas cartilagens de crescimento dos ossos
Folículo-estimulante: regula o crescimento, desenvolvimento, puberdade e reprodução
Hormônio luteinizante: tem ligação direta com a produção e liberação de estrogênio, progesterona e de testosterona, hormônios sexuais
Prolactina: estabiliza a secreção do estrogênio e progesterona e estimula a produção de leite
Tirotrofina: estimula as tireoides e a formação de tiroxina
Mamotrofina: estimula a produção do leite materno ou, no caso do homem, de sêmen
Estimuladora de melanócitos: regula a distribuição dos pigmentos

Fonte: Sociedade Brasileira de Endocrinologia e Metabologia

TIREOIDE: EQUILÍBRIO E HARMONIA

No centro do pescoço, em formato de borboleta, está localizada a glândula que tem relação direta com, além do cérebro, coração, fígado e rins. Em crianças e adolescentes, atua também no crescimento. Logo no início da puberdade, regula o ciclo menstrual das meninas, a fertilidade de ambos os sexos, o peso, o humor e até questões emocionais, como o controle comportamental, o humor e a concentração. Seus hormônios, conhecidos como T3 (tri-iodotironina) e T4 (tiroxina), atuam em todos os sistemas do organismo e controlam o metabolismo! A tireóide ainda é responsável pela calcitocina, que fixa o cálcio nos ossos. Produzido na hipófise, o TSH (tireoestimulante) é o hormônio responsável por controlar a produção na tireóide. Mas e se a tireoide não funciona direito?

OS HORMÔNIOS DO CRESCIMENTO

Conhecidos como hormônio somatrófico (GH) ou somatrofina, ele age no crescimento através das mitoses das células e estimula o crescimento de ossos e cartilagens. A carência de SH pode causar nanismo. A produção de SH no organismo é contínua, mas sua maior produção acontece nas fases do crescimento. Já o excesso de GH causa gigantismo, quando indivíduos podem chegar a 2,5 metros de altura. Em um adulto, o GH deficiente causa acromegalia, um crescimento das extremidades do corpo. Outros hormônios que afetam o crescimento são: andrógenos, estrógenos, glicorticóides, insulina e os hormônios da tireóide.

HIPERTIREOIDISMO X HIPOTIREOIDISMO

Duas disfunções na produção do "combustível" da glândula, seus efeitos são opostos, mas querem, ao final das contas, enviar a mesma mensagem: há um problema na tireoide. No hipertireoidismo, o que acontece é basicamente a produção em excesso dos hormônios da glândula. Com isso, tudo começa a acontecer rápido demais no corpo: o coração acelera, o intestino repentinamente solta. e, ao mesmo tempo em que a pessoa sente uma grande carga de energia, sente-se profundamente cansada.

De acordo com a dra. Suemi Marui, endocrinologista e chefe do ambulatório de Tireoide do Hospital das Clínicas, ao mesmo tempo que o hormônio torna a pessoa hiperativa, a torna cansada; ela sente mais fome, mas perde peso. Já no hipotireoidismo, tudo é mais lento. O intestino prende, o crescimento é comprometido, há ganho de peso, sonolência intensa e até mesmo depressão. Se acomete o indivíduo muito jovem, pode causar cretinismo, inibição do crescimento e maturação física, mental e sexual. O diagnóstico das duas doenças pode ser feito por um endocrinologista e doses hormonais em cápsulas costumam ser o tratamento mais eficaz.

Embora as doenças na tireoide sejam para a vida toda, com a medicação correta e controle clínico-laboratorial, é possível ter uma vida normal, ressalta a profissional.

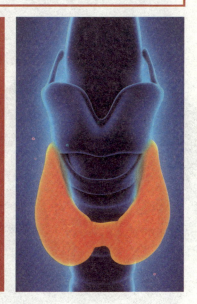

SISTEMA ENDÓCRINO

3 CURIOSIDADES SOBRE A TIREOIDE

• Estima-se que 60% da população brasileira tenha nódulos na tireoide em algum momento da vida, mas apenas 5% são cancerígenos.
• A tireoide se parece com uma borboleta e também lembra um escudo. Foi este objeto de defesa que deu origem a seu nome: thyreós (escudo) e oidés (forma de).
• Algumas crianças podem nascer com hipotireoidismo. Para detectá-lo, é preciso realizar o chamado "teste do pezinho" entre o terceiro e o quinto dia de vida.

Fonte: Dra. Paula Pires, endocrinologista

PARATIREÓIDE

São quatro pequenas glândulas situadas ao redor da tireóide, que produzem o hormônio paratormônio, que, junto com a calcitocina e a vitamina D, atua no metabolismo de cálcio e fosfato e são controladas pela quantidade de cálcio no plasma. Ele favorece a absorção de cálcio pelo intestino. Em compensação, a calcitonina, que é fabricada na tireóide, tem ação sob o cálcio e fosfato do sangue, mas, de maneira contrária. Enquanto o paratormônio aumenta o cálcio do sangue, a calcitonina aumenta sua eliminação através da urina.

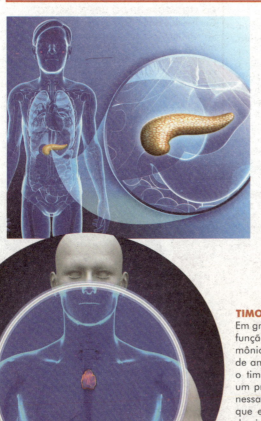

PÂNCREAS: DOSE DUPLA

Ao mesmo tempo nos sistemas digestório e endócrino, o pâncreas produz enzimas que ajudam a digerir o alimento e, mais importante neste capítulo, secreta os hormônios que regulam os níveis de glicose no sangue. Para isso, produz dois hormônios: insulina e glucagon. Enquanto a insulina facilita a entrada de glicose nas células, onde será utilizada na produção de energia, ela retira o excesso da substância do sangue. Tal fenômeno ocorre, principalmente, quando a taxa de açúcar sobe no sangue logo após as refeições e, por isso, a baixa produção de insulina está associada a doenças como diabetes. "A insulina é o hormônio que vai manter a taxa de glicose em níveis saudáveis na corrente sanguínea", ensina Dra. Viviane Christina de Oliveira. Já o glucagon age diretamente no fígado, estimulando-o a enviar glicose para o sangue quando as taxas de açúcar estão baixas, provocando a sensação de extrema fraqueza. Sem os hormônios produzidos pelo pâncreas, açúcar e energia ficam completamente desestabilizados. A ação do glucagon aumenta em períodos de jejum, a fim de evitar a hipoglicemia, que pode nos levar a desmaios.

TIMO: SUPERPROTEÇÃO

Em grego, *thymo*, significa "energia vital". No organismo, s função pode não ter tamanha força, mas são os seus h mônios que protegem, a partir da produção complemen de anticorpos. Proporcionalmente maior em recém-nascid o timo continua a crescer até a puberdade quando sot um processo de involução, ou seja, diminui seu tamanho nessa fase, desde o nascimento até o início da adolescênc que ele desempenha um papel crucial no desenvolvime do sistema imunológico da criança, impedindo a invasão agentes estranhos como vírus e bactérias. "Na vida adult timo tem menor responsabilidades sobre a imunidade, m na infância, é, sim, de importância vital", explica o Dr. V cius Pereira.

SUPRARRENAIS: PURA EMOÇÃO

Parece inusitado pensar que glândulas localizadas sobre os rins agem em situações de estresse e pressão, mas é assim que funcionam as suprarrenais ou adrenais. Elas são constituídas por dois tecidos secretores, bastante distintos entre si: o córtex, na parte externa, e a medula, internamente. E é na medula que os dois principais hormônios são produzidos. A adrenalina e a anoradrenalina, quimicamente semelhantes, têm funções diferentes. A adrenalina é capaz de provocar a contração dos vasos sanguíneos (causando palidez), aumenta o ritmo do coração, a pressão arterial e também a excitação do sistema nervoso, permitindo uma resposta imediata a qualquer situação de emergência que possa surgir, como o carro que surge inesperadamente usado no exemplo do início deste texto. Já a noradrenalina, independentemente da liberação de adrenalina, trabalha para manter a pressão sanguínea em quantidades aceitavelmente saudáveis.

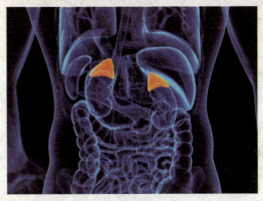

No córtex há a produção de mineralocorticóides, que agem no metabolismo de sódio e de potássio. O mal funcionamento destes pode causar excesso do hormônio, acarretando hipertensão e acúmulo de líquido no corpo. Já sua escassez leva à grande perda de líquidos e minerais, podendo causar hipotensão e até mesmo a morte. O córtex ainda produz glicocorticóides, que agem na proteína, degradando-a em glicose, e androgênicos, que auxiliam no aumento de massa muscular.

TESTÍCULOS E OVÁRIOS: AS GLÂNDULAS SEXUAIS

No organismo do homem, os testículos. No da mulher, os ovários. Também chamadas de gônadas, as duas produtoras de hormônios são os centros endócrinos e germinativos dos seres humanos. A partir deles, muitas das características físicas e biológicas de cada um dos sexos são definidas.

Os testículos, alojados dentro do saco escrotal, secretam diferentes hormônios que, coletivamente, são chamados de androgênios. Nele, a testosterona tem uma presença muito mais forte que os demais, determinando, por exemplo, o crescimento dos testículos, a formação de todo o sistema reprodutor masculino e até características secundárias, como o crescimento de pelos, o timbre grave da voz e as glândulas sebáceas da pele. "A testosterona é um hormônio masculino produzido nos testículos e nas glândulas suprarrenais. Ele é responsável por todas as características sexuais dos homens e também está ligado à libido, à agressividade e à disposição. Nas mulheres, a testosterona é produzida nas glândulas suprarrenais e no ovário, mas em uma quantidade 30 vezes menor do que nos homens", aponta Viviane. Já nas gôndulas femininas, os ovários têm ligação direta com toda a trajetória das características femininas do corpo da mulher ao longo de sua vida a partir do estrogênio e da progesterona. Os dois hormônios ovarianos são responsáveis pelo desenvolvimento sexual feminino e pelo ciclo menstrual, mas também têm suas funções e características únicas. No caso do estrogênio, estimula, principalmente, o crescimento dos órgãos, sobretudo àqueles que diferem o homem da mulher, como vagina, seios e até a calcificação óssea. Já a progesterona entra em ação quando prepara o corpo para o desenvolvimento de um embrião, dando a chance de crescimento de uma nova vida.

Quando a mulher está grávida, entra em ação o hormônio gonadotrofina coriônica (hCG), produzido pela placenta. É ele que pode ser detectado na urina nos testes de gravidez, a partir de 14 dias após a concepção.

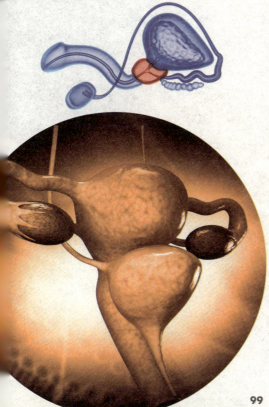

CAPÍTULO 9

Sistema
REPRODUTOR

Sem os órgãos reprodutores, não seria possível termos a humanidade. Afinal, são eles os responsáveis por gerar uma nova vida. A seguir, conheça cada detalhe deste fantástico sistema

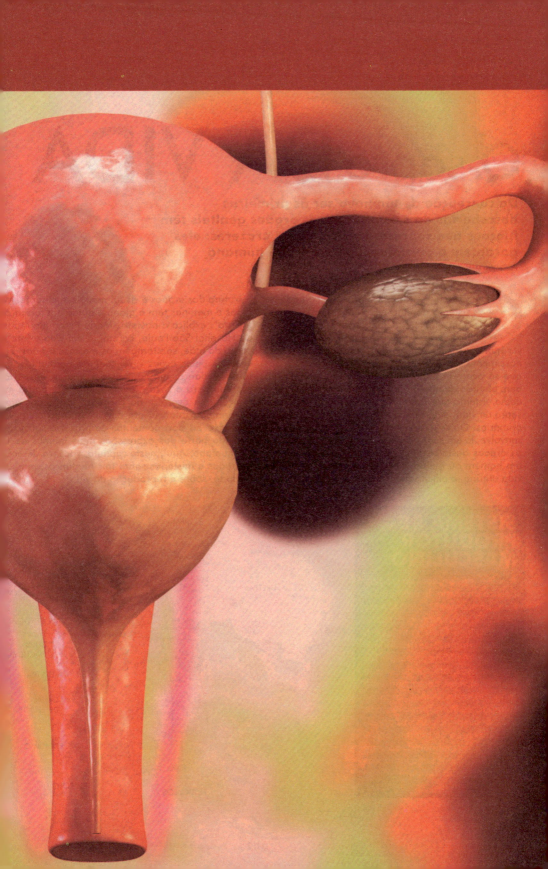

SISTEMA REPRODUTOR

O sopro DA VIDA

Da concepção de um novo ser às primeiras descobertas da sexualidade, os órgãos genitais têm funções que sobressaem aos meros prazeres: eles garantem a perpetuação da espécie humana

Por Evelyn Moreto • Fotos Shutterstock

O sistema reprodutor, também chamado de sistema genital, é essencial para a vida. Sem ele, seria impossível a reprodução dos seres humanos. No ciclo da vida, o ser humano nasce, cresce, se reproduz e morre. O nascimento e a reprodução da espécie são processos que só ocorrem pela existência de um sistema tão bem afinado quanto o genital. Afinal, são os órgãos desse sistema que, além de dar forma ao primeiro sopro de vida, determinam as características sexuais primárias. Ou seja, enquanto o embrião que se desenvolve, lá em suas primeiras semanas de vida, são os órgãos deste sistema que determinarão se será um homem ou mulher. "Nas primeiras semanas de vida uterina, é difícil saber o sexo do bebê porque a estrutura dos órgãos é visualmente semelhante. M ninos e meninas têm a glande, ainda em formaçã é claro", explica a obstetriz Maria Fernanda Mour do Hospital São Paulo. Porém, já em vida e fora corpo da mãe, são também os mesmos órgãos, pr vocados pelas ações e reações de hormônios, q tornam crianças em homens e mulheres, despert o corpo para o sexo e as pequenas e grandes m danças que ocorrem no corpo ao longo dos an da primeira infância até a velhice. Indo além, s responsáveis por momentos de prazer e satisfaç fazendo parte das expressões mais íntimas de u ser humano. Aqui, neste capítulo, você irá descob segredos e mistérios sobre tais mudanças, mas, s bretudo, sobre a reprodução da vida.

SISTEMA REPRODUTOR MASCULINO

A série de órgãos da região pélvica do corpo de um homem tem, basicamente, uma função principal: difundir sua espécie. Isso significa fazer com que o seu espermatozoide fecunde o óvulo que habita o corpo feminino. Mas, até chegar a este momento, eles percorrem uma longa estrada. Afinal, o corpo humano se transforma a cada dia. E as principais modificações do corpo do homem acontecem, principalmente, ao final da infância, em cada uma das estruturas que formam o seu aparelho genital.

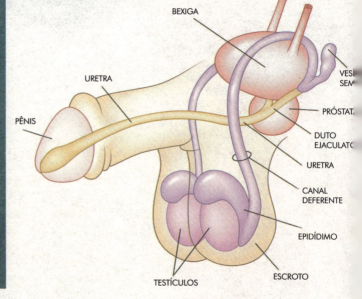

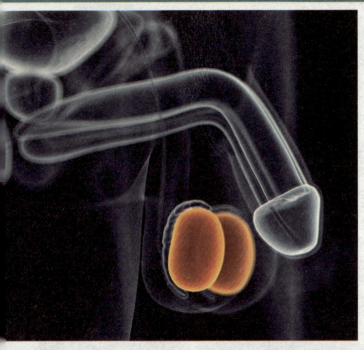

TESTÍCULOS, ESCROTO E EPIDÍDIMO: A PRODUÇÃO DE ESPERMATOZOIDES

Estruturas responsáveis pela fabricação de espermatozoide e de hormônios que controlam o desenvolvimento de características peculiares do sexo como o timbre da voz, o crescimento de pelos e barba, os dois testículos do corpo masculino são alojados dentro do escroto, espécie de bolsas de pele e músculo, com temperatura regulada (sempre abaixo da temperatura do corpo), localizados entre o pênis e o ânus. "Quando a temperatura dos testículos está acima da do restante do corpo, os espermatozoides podem ser destruídos pelo calor excessivo", explica Maria Fernanda. Depois de produzidas dentro dos testículos, as células reprodutoras masculinas são armazenadas no epidídimo, pequeno canal que as coleta.

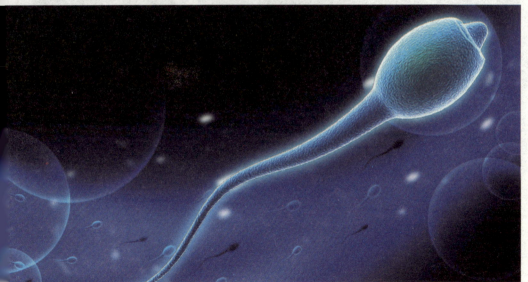

Duas glândulas responsáveis pela produção de boa parte (mais de 60%) do líquido seminal, as vesículas seminais nutrem os espermatozoides e facilitam a sua mobilidade. Este líquido se mistura à secreção da próstata, fluido alcalino produzido por esta outra glândula que tem a função de auxiliar a neutralização da acidez do trato vaginal, prolongando o tempo de vida dos espermatozoides dentro da vagina.

SISTEMA REPRODUTOR

PRÓSTATA

A próstata pode ser atingida pelo câncer, um dos tumores mais assustadores para o público masculino, não só pela doença – que tem entre os seus sintomas dificuldade de urinar –, mas pelo diagnóstico. Um dos maiores tabus no mundo masculino, o exame retal, capaz de identificar de forma precoce o surgimento do câncer, é evitado pela população masculina. "O importante é perder o medo de fazer o exame. Em segundos, você pode salvar uma vida: a sua", alerta Marlene Oliveira, presidente do Instituto Lado a Lado pela Vida, que, em parceria com a Sociedade Brasileira de Urologia, realiza diferentes ações para a conscientização da doença por todo o Brasil. Dados do Ministério da Saúde revelam que o câncer de próstata é o mais comum entre os homens e o sexto tipo que mais mata no país.

PÊNIS, URETRA E CANAL DEFERENTE

O canal deferente, conhecido como ducto, é a passagem muscular que conduz os espermatozoides (e também a urina) para a uretra, outro canal condutor. Por ela, sai o sêmen do homem, tornando-a fundamental para o aparelho reprodutor. Porém, a parte mais conhecida do sistema reprodutor masculino é o pênis. Com formato cilíndrico, é um órgão que tem como principais funções a reprodução e a excreção. Podendo ser dividido em três partes, cabeça, órgão e raiz (glande, pênis e testículos). Cada um destes pontos se desenvolve ao longo da vida.

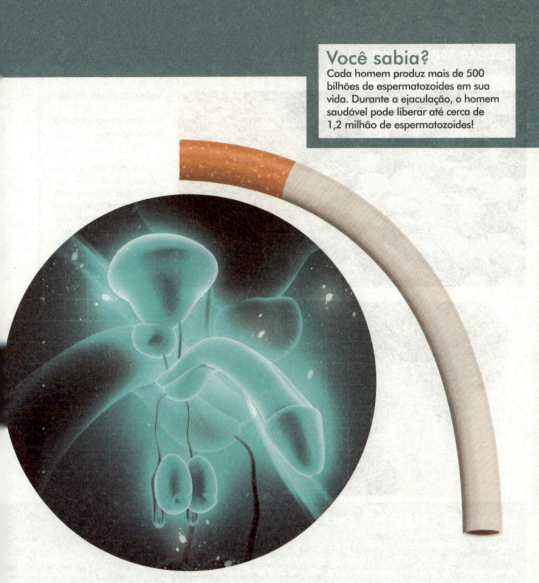

Você sabia?
Cada homem produz mais de 500 bilhões de espermatozoides em sua vida. Durante a ejaculação, o homem saudável pode liberar até cerca de 1,2 milhão de espermatozoides!

PÊNIS E O CIGARRO
Já é fato de conhecimento geral que o cigarro pode causar disfunção erétil. Porém, um dos grandes mitos sobre o órgão genital masculino é o seu tamanho. Segundo uma pesquisa divulgada pela Universidade de Medicina de Boston, o tabaco também pode ser responsável pelo tamanho do pênis. O estudo mostra que, além de terem menor libido e apetite sexual, os fumantes podem perder até 1 cm de medida devido às toxinas presentes no cigarro.

Você sabia?
A vasectomia, método para que os homens evitem a gravidez da parceira, consiste no corte do canal deferente, que impede a saída do espermatozoide.

Curiosidade
Os órgão genitais masculinos podem variar em até 500% de tamanho durante a vida!

Atenção!
Os tratos reprodutores, masculinos e femininos, são protegidos por uma caixa óssea chamada de pelve.

SISTEMA REPRODUTOR

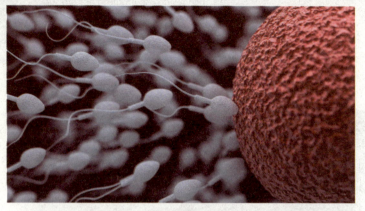

MÁQUINA DE BEBÊS

Durante o sexo, ocorre a ejaculação e...

... a mulher está em seu período fértil. Isso significa que o óvulo está apenas esperando a chegada de um espermatozoide par a fecundá-la. Ele chegará ainda mais rápido com a ajuda das contrações do útero!

Por nove meses, o feto se desenvolverá até chegar o momento de seu nascimento.

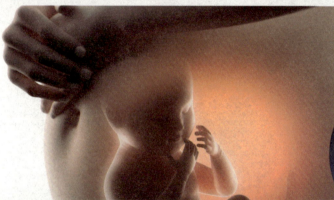

HPV: O QUE É?

Sigla em inglês para papilomavírus humano, HPV é um vírus capaz de infectar a pele e as mucosas através, principalmente, de relações sexuais sem proteção. Existem mais de 100 tipos diferentes de HPV, sendo que, pelo menos, 13 deles têm potencial para causar câncer! "O câncer no colo do útero é um tumor que se desenvolve a partir de alterações no colo do útero, que se localiza no fundo da vagina. Essas alterações são chamadas de lesões precursoras e, na maioria das vezes, são totalmente curáveis. Porém, se não tratadas, podem se transformar em câncer. As lesões precursoras, ou o câncer em estágio inicial, não apresentam sinais ou sintomas, mas, conforme a doença avança, podem aparecer sangramento vaginal, corrimento e dor", afirma a Dra. Erica Mantelli. O câncer do colo do útero é o terceiro tumor mais frequente na população feminina, atrás do câncer de mama e do colo retal, e a quarta causa de morte de mulheres por câncer no Brasil. Habitualmente, as infecções pelo HPV se apresentam como lesões microscópicas ou não produzem lesões. Estima-se que apenas cerca de 5% das pessoas infectadas pelo HPV desenvolverão alguma forma de manifestação. Segundo a Dra. Mantelli, a infecção pode se manifestar de duas formas: clínica e subclínica. As lesões clínicas se apresentam como verrugas, têm aspecto de couve-flor e tamanho variável. Nas mulheres, podem aparecer no colo do útero, na vagina, na vulva, nas regiões pubiana e perianal e no ânus. Em homens, podem surgir no pênis, na bolsa escrotal, nas regiões pubiana e perianal e no ânus. Essas lesões também podem aparecer na boca e na garganta em ambos os sexos. Já as infecções subclínicas (não visíveis ao olho nu) podem ser encontradas nos mesmos locais e não apresentam nenhum sintoma ou sinal. Já existe vacina para prevenir o HPV e, no Brasil, ela faz parte do calendário de vacinação para meninas de 11 a 13 anos. Mulheres fora desta faixa etária e homens precisam recorrer a clínicas particulares para garantir a imunização.

Fertilidade

Segundo a Organização Mundial da Saúde (OMS), no Brasil, 1 em cada 10 casais apresenta problemas de fertilidade. Já nos Estados Unidos, 1 em cada 6 casais são inférteis, de acordo com um estudo recente publicado na revista *Fertility and Sterility*.

Fique por dentro

Polução noturna é a emissão ou descarga do sêmen durante o sono. É sabido que durante o sono, o orgão genital masculino fica ereto e se um sonho erótico acontece, a ejaculação e orgasmo podem ser o desfecho desse sonho.

SISTEMA REPRODUTOR FEMININO

TUBAS UTERINAS

Orgãos que também contribuem para o processo de reprodução, com funções complementares às do sistema masculino, a fim de garantir a procriação, ele também pode ser dividido em três "partes" principais: vagina, útero e mamas.

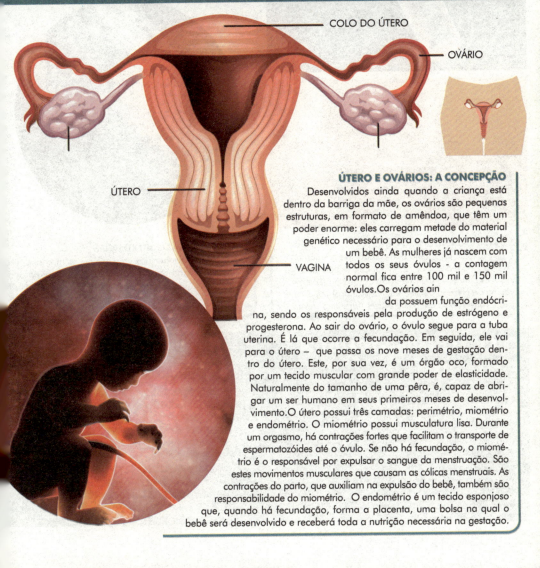

ÚTERO E OVÁRIOS: A CONCEPÇÃO

Desenvolvidos ainda quando a criança está dentro da barriga da mãe, os ovários são pequenas estruturas, em formato de amêndoa, que têm um poder enorme: eles carregam metade do material genético necessário para o desenvolvimento de um bebê. As mulheres já nascem com todos os seus óvulos - a contagem normal fica entre 100 mil e 150 mil óvulos. Os ovários ainda possuem função endócrina, sendo os responsáveis pela produção de estrógeno e progesterona. Ao sair do ovário, o óvulo segue para a tuba uterina. É lá que ocorre a fecundação. Em seguida, ele vai para o útero – que passa os nove meses de gestação dentro do útero. Este, por sua vez, é um órgão oco, formado por um tecido muscular com grande poder de elasticidade. Naturalmente do tamanho de uma pêra, é capaz de abrigar um ser humano em seus primeiros meses de desenvolvimento. O útero possui três camadas: perimétrio, miométrio e endométrio. O miométrio possui musculatura lisa. Durante um orgasmo, há contrações fortes que facilitam o transporte de espermatozóides até o óvulo. Se não há fecundação, o miométrio é o responsável por expulsar o sangue da menstruação. São estes movimentos musculares que causam as cólicas menstruais. As contrações do parto, que auxiliam na expulsão do bebê, também são responsabilidade do miométrio. O endométrio é um tecido esponjoso que, quando há fecundação, forma a placenta, uma bolsa na qual o bebê será desenvolvido e receberá toda a nutrição necessária na gestação.

SISTEMA REPRODUTOR

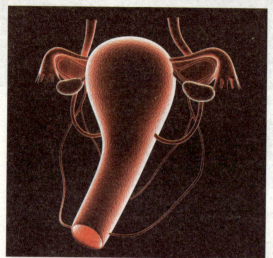

VAGINA: A RECEPTORA
O canal que se estende do útero à vulva, a vagina tem três grandes funções: eliminar o óvulo através da menstruação, receber o pênis durante o ato sexual e possibilitar a saída de um bebê em caso de parto normal. Ela também é responsável pela produção de uma mucosa que protege o canal vaginal de doenças e bactérias. Atenção! Enquanto no homem a uretra é responsável pela eliminação de urina e de esperma, as mulheres possuem um canal vaginal e canal urinário distintos.

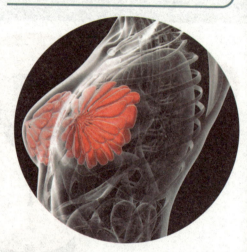

VULVA: DO LADO DE FORA
Logo na saída da vagina está a vulva, parte externa do aparelho reprodutor feminino. Esta região também inclui os pequenos e grandes lábios (que protegem a vagina da entrada de elementos estranhos) e o clitóris (responsável pelas ondas de prazer durante o sexo).

MAMAS: ÓRGÃOS AUXILIARES
Popularmente conhecidas como seios, as mamas são conhecidas como órgãos auxiliares ao sistema reprodutor, uma vez que oferecem leite ao recém-nascido e estimulam o prazer durante o ato sexual. Suas formas, seu volume e suas dimensões são únicas em cada mulher.

O CICLO MENSTRUAL E A LIBIDO

Na semana da tensão pré-menstrual, a mulher parece estar fora do controle. Em outros dias, a alegria parece não ter fim. A ebulição dos hormônios ligados ao sistema genital acabam afetando a rotina sexual da mulher. "Provavelmente, toda mulher já sabe bastante sobre seu próprio ciclo menstrual, como a frequência e o fluxo de sua menstruação, porém é fundamental que ela entenda como funciona este ciclo para aprender a lidar com as oscilações hormonais", explica Erica Mantelli, Ginecologista e Obstetra pós-graduada em Sexolgia pela Universidade de São Paulo (USP). Segundo ela, um ciclo normal costuma durar 28 d Porém, algumas mulheres possuem os ciclos bem n curtos, de até 23 dias ou bem mais longos, soma 35 dias. "A primeira atitude para desvendar os mi rios de cada etapa do ciclo menstrual é dividir ele quatro semanas e tentar identificar o que ocorre cada etapa", ensina.

PRIMEIRA SEMANA: MENSTRUAÇÃO
O clitóris fica mais sensível. Durante a menstruação níveis de estrógeno, testosterona e ocitocina (hor nios) apresentam taxas muito altas, causando uma s sação de bem-estar e relaxamento. Nesta fase, é m

SÍNDROME DO OVÁRIO POLICÍSTICO

A síndrome do ovário policístico (SOP) é uma alteração hormonal que resulta na formação de cistos no ovário. Caracterizada pelo aumento da produção de testosterona e menstruação irregular, acomete principalmente mulheres em idade fértil. Sua causa não é totalmente esclarecida, mas estudos apontam relação genética no desenvolvimento da síndrome.

A SOP atinge cerca de 10% das mulheres, que tendem a ter mais pelos no rosto, desenvolvem acne e apresentam as regiões das axilas e virilha escurecidas. A doença também gera dificuldade para engravidar. O diagnóstico é realizado através de exames laboratoriais. De acordo com o Dr. Gustavo Maciel, do ambulatório de Ginecologia Endócrina e Climatério do Hospital das Clínicas, mulheres com SOP têm tendência ao ganho de peso e alterações no nível de glicose, que pode ocasionar diabetes. O tratamento é à base de hormônios para regular a menstruação, mas o especialista alerta que é preciso acompanhamento, além de dieta e atividade física, para minimizar os sintomas e prevenir novas doenças.

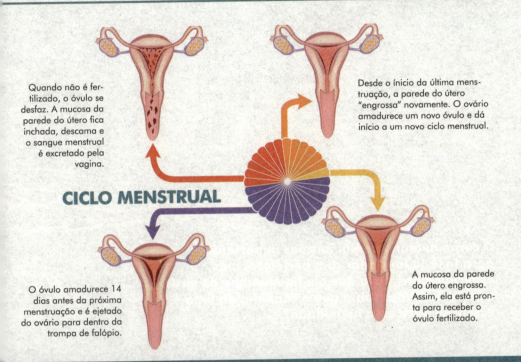

Quando não é fertilizado, o óvulo se desfaz. A mucosa da parede do útero fica inchada, descama e o sangue menstrual é excretado pela vagina.

Desde o início da última menstruação, a parede do útero "engrossa" novamente. O ovário amadurece um novo óvulo e dá início a um novo ciclo menstrual.

CICLO MENSTRUAL

O óvulo amadurece 14 dias antes da próxima menstruação e é ejetado do ovário para dentro da trompa de falópio.

A mucosa da parede do útero engrossa. Assim, ela está pronta para receber o óvulo fertilizado.

num a vontade das mulheres em transar. Isso acontece porque os sentidos ficam mais apurados. "Para as lheres que não gostam de transar menstruadas, ugestão é aproveitar o período para ter orgasmos smo sem penetração. Aqui, o clitóris também fica is sensível, garantindo o prazer intenso", indica.

GUNDA SEMANA: PÓS-MENSTRUAÇÃO
ubrificação é intensa porque os níveis de testosterocontinuam subindo e, consequentemente, a calma erotismo também.

RCEIRA SEMANA: OVULAÇÃO
ssa fase do ciclo menstrual, a libido está a todo va-

por! O estrógeno e a testosterona começam a cair e a progesterona, hormônio responsável pelo aumento da libido, começam a subir. Porém, mesmo com a libido em alta, é comum que as mulheres fiquem mais emotivas. Este período deveria ser o responsável pela fecundação do óvulo estar acontecendo no organismo.

QUARTA SEMANA: TENSÃO PRÉ-MENSTRUAL
Já neste período da quarta semana, a queda de estrogênio e da progesterona faz com que os hormônios do bem-estar também diminuam, o que consequentemente afeta o humor da mulher, fazendo com que ela fique mais inconstante. Os seios ficam doloridos e o corpo inchado, dificultando a excitação.

CAPÍTULO 10

Sistema LINFÁTICO

O corpo humano possui funções importantes para fazê-lo funcionar com perfeição, mas, especialmente, para que ele fique imune de vírus e bactérias. Você sabia que o caminho da linfa é essencial para essa imunidade?

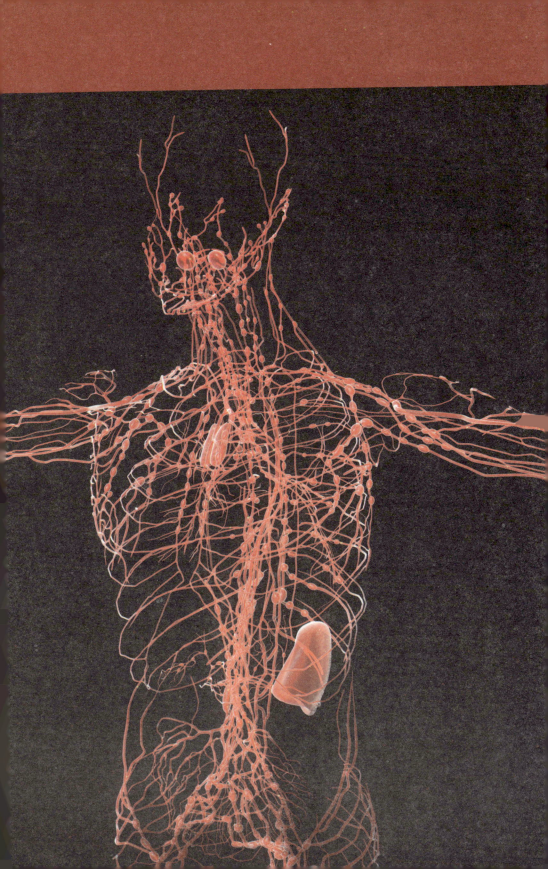

SISTEMA LINFÁTICO

Sem linfa, SEM IMUNIDADE!

Quem protege nosso corpo de inúmeras doenças e quem é responsável por controlar os líquidos que ficam entre uma célula e outra? O sistema linfático, que ainda realiza outras funções. Quer saber como? Descubra agora!

Por Por Aline Ribeiro e Sally Borges • **Fotos** Shutterstock

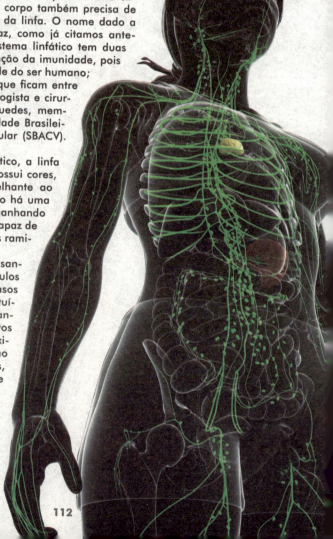

Assim como precisamos de um sistema para fazer a circulação do sangue, o nosso corpo também precisa de outro aparelho para o fluxo da linfa. O nome dado a esse caminho que a linfa faz, como já citamos anteriormente, é sistema linfático. "O sistema linfático tem duas funções principais: a primeira é a função da imunidade, pois ele participa diretamente da imunidade do ser humano; e a segunda é controlar os líquidos que ficam entre uma célula e outra", explica o angiologista e cirurgião vascular Dr. Henrique Jorge Guedes, membro do Conselho Científico da Sociedade Brasileira de Angiologia e de Cirurgia Vascular (SBACV). Mas o que é linfa?

Também conhecida como fluído linfático, a linfa é um líquido que, geralmente, não possui cores, mas tem uma textura viscosa, semelhante ao plasma sanguíneo. Entretanto, quando há uma ingestão de gorduras, a linfa acaba ganhando uma aparência esbranquiçada. Ela é capaz de caminhar através de vasos e pequenas ramificações do corpo humano.

A linfa é bastante semelhantes ao sangue, exceto pela ausência dos glóbulos vermelhos, que permanecem nos vasos capilares sanguíneos. Ela é constituída, principalmente, de glóbulos brancos, conhecidos também como linfócitos neste caso, glicose, proteínas e oxigênio. Para o angiologista e cirurgião vascular Dr. Henrique Jorge Guedes, a linfa também pode ser chamada de sangue branco. "A grande característica dela é que ela abriga uma grande composição de gordura e proteína. Dependendo do local que está essa linfa, ela acaba ganhando mais gordura ou mais proteína".

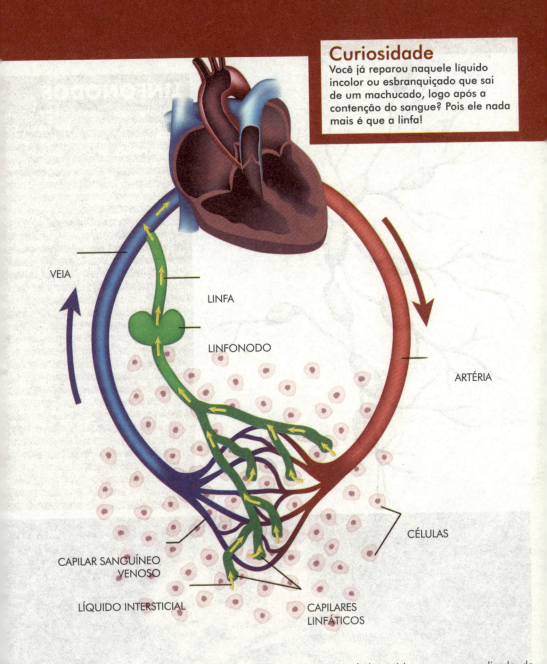

Curiosidade
Você já reparou naquele líquido incolor ou esbranquiçado que sai de um machucado, logo após a contenção do sangue? Pois ele nada mais é que a linfa!

Entre os capilares sanguíneos e as células existe um espaço chamado interstício, que abriga o líquido intersticial. Dessa forma, podemos considerar que a maior parte do líquido que abriga o corpo humano está localizado nas células, sendo, em média, 20 litros dentro delas, 10 litros entre elas, e cinco dentro do próprio sangue.
Os capilares linfáticos estão diretamente conectados aos capilares venosos, que abriga toxinas e o sangue com alta quantidade de gás carbônico. Estes capilares linfáticos originam-se do interstício, mas, como explicado, do lado venoso. A função deles é sugar o líquido intersticial e, enfim, tornar-se a linfa. Caso esse líquido se acumule e fique parado no interstício, ou seja, no interior dessas células, a região incha e causa os edemas. "A linfa caminha pelo capilar linfático, depois vai para o linfático inicial, linfático maior, linfático troncular e, depois, toda essa linfa cai dentro do coração", completa o angiologista e cirurgião vascular Dr. Henrique Jorge Guedes.

SISTEMA LINFÁTICO

LINFONODOS

Os linfonodos, conhecidos também por gânglios linfáticos, são pequenos conglomerados que filtram as substâncias nocivas ao corpo. Ou seja, são pontos linfáticos que recebem a linfa. "Geralmente, esses linfonodos estão em lugares pré-determinados, como os linfonodos inguinais, na região das virilhas; linfonodos axilares, próximo às axilas; e linfonodos cervicais, localizados no pescoço. Existem linfonodos no corpo inteiro, mas esses três são os mais importantes, pois eles são superficiais e nós [médicos] acabamos tendo fácil acesso ao exame clínico", diz o angiologista e cirurgião vascular Dr. Henrique Jorge Guedes.

Existem centenas de linfonodos espalhados pelo corpo, sendo, em média, 600 a 700 unidades de diferentes tamanhos, cores e formas. Dentro deles existem os macrófagos, que são células grandes que destroem as toxinas e outras substâncias inúteis; e claro, os linfócitos, que produzem anticorpos contra os vírus e as bactérias. A linfa chega a esses linfonodos através dos vasos linfáticos aferentes e saem pelos vasos linfáticos eferentes. Ambos os vasos possuem válvulas internas que ajudam no percurso da linfa.

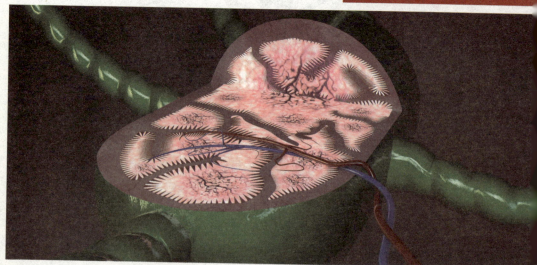

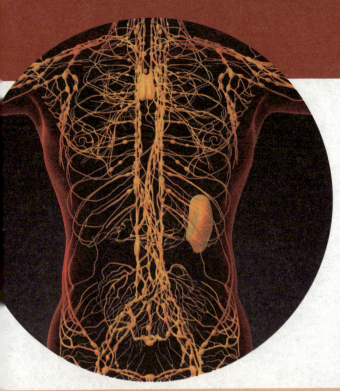

O DUCTO TORÁCICO

Depois que a linfa deixa os linfonodos através dos vasos linfáticos eferentes, ela desemboca no ducto torácico, que nada mais é que um canal mais extremo e espesso entre o abdome até o pescoço. Existem dois ductos torácicos: o esquerdo, que drena toda a linfa proveniente das duas pernas, do abdome, do tórax esquerdo, do braço esquerdo, da parte esquerda do pescoço e da face esquerda; e o direito, que drena apenas as linfas do braço direito, da parte direita do pescoço e da face direita. Ambos os ductos torácicos possuem destino para as veias subclávias esquerdas e direitas, respectivamente, que vão direito para o coração.

A MEDULA ÓSSEA E O TIMO

A medula óssea é bastante importante para o sistema linfático, pois é dela que são produzidas as células sanguíneas e as linfáticas. Como explicado antes, os glóbulos brancos que circulam no plasma do sangue são chamados de leucócitos, enquanto aqueles que caminham pela linfa são os linfócitos. A composição é a mesma, mas eles têm nomes diferentes por fazerem caminhos distintos. Existem três tipos de linfócitos: T, B e NK.

LINFÓCITO T – são os glóbulos brancos virgens produzidsão os glóbulos brancos virgens produzidos na medula óssea e amadurecidos no timo, um órgão linfoide primário localizado entre os pulmões e próximo ao coração. A letra correspondente deste linfócito é a inicial deste órgão. Estes são responsáveis por criar anticorpos para qualquer bactéria, fungo e vírus que possamos ter.

LINFÓCITO B – são os glóbulos brancos virgens produzidos na medula óssea e amadurecidos no mesmo local. Em inglês, medula óssea significa "bone marrow", por isso a letra correspondente deste linfócito é B.

LINFÓCITO NK – são os glóbulos brancos produzidos na medula óssea e que são exterminadoras naturais. A sigla NK também tem origem do inglês, "natural killer". Eles atuam principalmente contra células cancerígenas e infecções virais. Alterações nos níveis de linfócitos podem indicar algumas doenças. Se aumentados, pode ser sinal de infecções, gripes, alergia e até doenças mais graves, como hepatite viral e rubéola. Já se o hemograma apresentar uma baixa contagem de linfócitos, os problemas podem ser ainda mais graves, como leucemia ou doenças autoimunes, como é o caso do HIV.

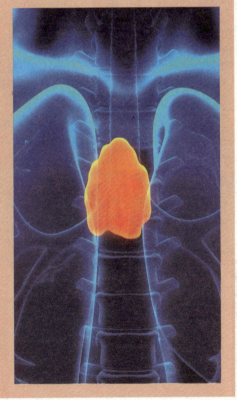

SISTEMA LINFÁTICO

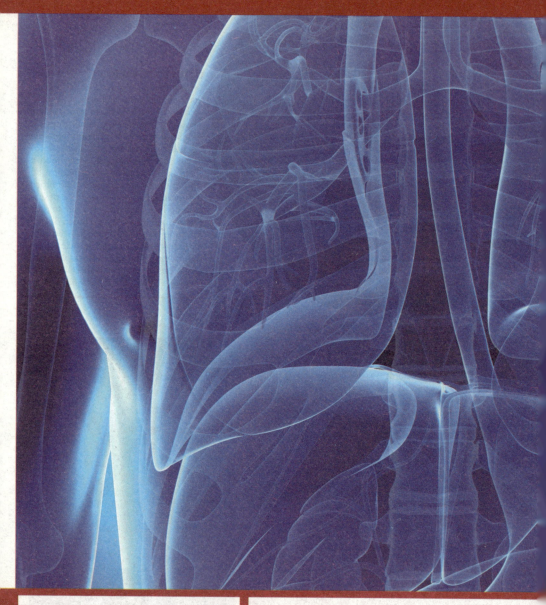

Fique por dentro
Você já reparou que pessoas abaixo de 45 quilos não podem doar sangue? O motivo? Boa parte do corpo humano é constituído de líquidos, tanto o sangue quanto a linfa. Caso haja a retirada do sangue desta pessoa abaixo do peso, o resultado pode ser irreversível, já que o índice sanguíneo pode diminuir ainda mais.

Você sabia?
O fluído linfático equivale a 15% do nosso peso corporal. A drenagem linfática, por exemplo, é um tratamento estético que ajuda na circulação deste fluído e na eliminação do mesmo. Dessa forma, o corpo desincha e ajuda na perda de alguns números na balança. Mas atenção, a drenagem linfática pode elevar a pressão sanguínea, afinal, os líquidos voltam para a circulação mais rápido que o habitual. A situação é controlada quando os líquidos chegam aos rins e são filtrados.

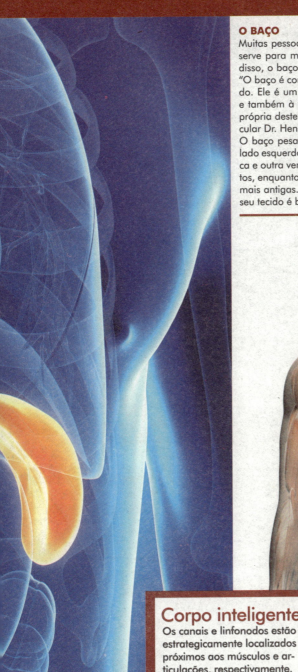

O BAÇO

Muitas pessoas acreditam que o baço é um órgão que não serve para muitas coisas no corpo humano. Mas, diferente disso, o baço tem um papel importante no sistema linfático. "O baço é considerado por alguns como um grande linfonodo. Ele é um muito ligado a toda essa parte de imunidade e também à fabricação de células vermelhas, característica própria deste órgão", explica o angiologista e cirurgião vascular Dr. Henrique Jorge Guedes.

O baço pesa, em média, 150 gramas e está localizado no lado esquerdo do estômago. Ele têm duas polpas: uma branca e outra vermelha. A branca produz e armazena os linfócitos, enquanto a vermelha destrói as hemácias com defeitos e mais antigas. É bastante normal um baço ser rompido, pois seu tecido é bastante frágil e fino.

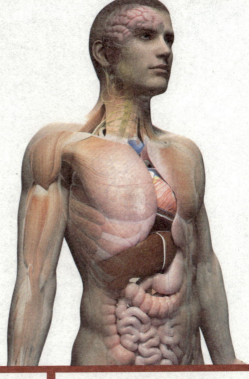

Corpo inteligente
Os canais e linfonodos estão estrategicamente localizados próximos aos músculos e articulações, respectivamente. Deste modo, o movimento corporal promove o bombeamento da linfa.

Fique por dentro
Fique por dentro Caso uma pessoa tenha que ser submetida a uma cirurgia de remoção do baço, outros órgãos acabam fazendo o trabalho dele, como o fígado. No entanto, há o risco de o sangue tornar-se mais espesso, provocando hipertensão. Por isso, após a remoção, é preciso ficar atento aos cuidados com a saúde.

SISTEMA LINFÁTICO

AS AMÍGDALAS E OS ADENOIDES

As amígdalas são duas estruturas linfoides que estão localizadas na garganta. Já os adenoides têm a mesma função das amígdalas, mas são encontrados atrás do nariz. O papel de ambos é filtrar as substâncias prejudiciais à saúde, ou seja, colocar o mecanismo de imunidade em prática.

RESUMINDO

O sistema linfático possui quatro funções:
- absorção: retira o excesso de toxinas e proteínas do interstício venoso, evitando edemas (inchaços). A linfa segue para o vaso aferente linfático e chega aos linfonodos (ou gânglios linfáticos), onde ocorre a filtragem de impurezas pelos linfócitos e macrófagos. Nos linfonodos também há o processo de imunidade, quando bactérias são destruídas. Em seguida, o líquido vai para o vaso eferente linfático, que transportará até os ductos, e, consequentemente, será devolvido aos vasos sanguíneos, quando a linfa voltará a ser chamada de plasma.

IMUNIZAÇÃO

O processo realizado pelas linfas é chamado de imunidade ativa, quando o próprio corpo produz anticorpos ou possui capacidade de fagocitar elementos estranhos. Porém, há outras maneiras de adquirir imunidade, é o caso da vacinação, quando recebemos uma dose de patogênicos vivos, porém atenuados. Estes são incapazes de desenvolver doenças, mas estimulam o processo imunológico que ficará pronto para atacar quando entrar novamente em contato com a doença.

Há ainda a imunização passiva, quando há transferência de anticorpos de um organismo para outro. É o que ocorre, por exemplo, com o soro antiofídico. Como o veneno de uma cobra peçonhenta tem ação muito rápida, é preciso que os anticorpos estejam prontos para agir assim que entrarem em contato com o organismo. O soro antiofídico é produzido a partir do sangue de cavalos, que receberam pequenas doses de veneno de cobra para estimular seus anticorpos.

DOENÇAS LIGADAS AO SISTEMA LINFÁTICO

Apesar de estarem ligados diretamente à imunidade do corpo humano, o sistema linfático também pode trazer algumas doenças ao organismo. Para o angiologista e cirurgião vascular Dr. Henrique Jorge Guedes, existem dois grandes grupos de doenças causadas por esse sistema: as linfoproliferativas, que podem ser os linfomas e as leucemias; e a linfedemas, que grosso modo, é chamado de elefantíase. As doenças linfoproliferativas não têm como evitar, pois elas são como um câncer. Entretanto, as linfedemas são evitáveis. Devemos ficar de olho aos inchaços que a gente pode ter no corpo, como na perna ou no braço, e que pode ser um sintoma inicial de um linfedema".

Linfoma – nada mais é que um tipo de câncer derivado dos linfonodos ou alguma parte do sistema linfático. O Linfoma de Hodgkin acontece quando um linfócito B se transforma em uma célula maligna que cresce descontroladamente. O Linfoma Não-Hodgkin tem as mesmas características do primeiro, mas preservam certos atributos iniciais. O ideal é nunca abrir mão da biópsia e análise dessas células cancerígenas.

Leucemia – também é um tipo de câncer derivado da medula óssea. O que acontece é que existe uma produção exacerbada de glóbulos brancos nesta região, fazendo com que também exista o controle desenfreado dos linfócitos.

Linfedema – acontece quando existe o acúmulo da linfa em uma determinada região do sistema linfático. Ele pode ser tanto primário, quando a pessoa nasce sem os linfonodos e acaba tendo problemas futuros com a linfa, quanto secundários, quando é provocado por alguma lesão ou anomalia no caminho da linfa. Há ainda as doenças autoimunes, que fazem com que o próprio corpo ataque suas células saudáveis. Nestes casos sistema imunológico perde a capacidade de distinguir antígenos de tecidos saudáveis. Existem dezenas de doenças que causam este tipo de desordem, como o lúpus, vitiligo e doença celíaca. A maioria destas doenças são crônicas, mas há tratamentos para atenuar os sintomas e estabilizá-las.

CAPÍTULO 11

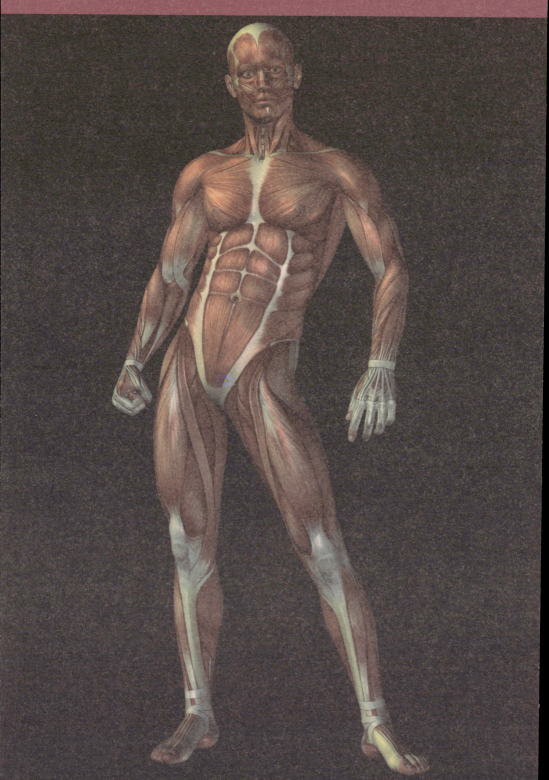

Sistema MUSCULAR

Você deve se perguntar como o corpo humano se movimenta com tanta facilidade e o porquê dos músculos serem tão importantes neste processo. A resposta? Descubra a seguir todas as características do sistema muscular

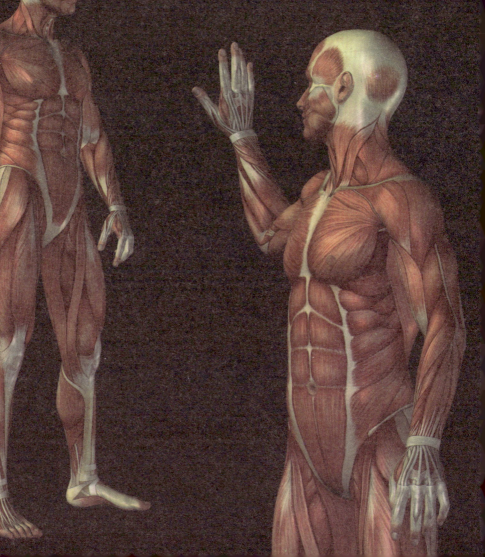

SISTEMA MUSCULAR

ANDE, CORRA, PULE...

Como você realiza todas as ações com o seu corpo? Quem são os responsáveis por cada movimento e como podem ser acionados? Desvende todos os segredos aqui!

Por Aline Ribeiro e Sally Borges • **Fotos** Shutterstock

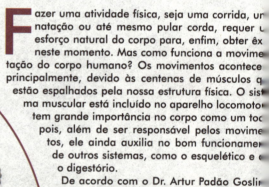

Fazer uma atividade física, seja uma corrida, u[ma] natação ou até mesmo pular corda, requer u[m] esforço natural do corpo para, enfim, obter êx[ito] neste momento. Mas como funciona a movime[n]tação do corpo humano? Os movimentos acontece[m] principalmente, devido às centenas de músculos q[ue] estão espalhados pela nossa estrutura física. O sis[te]ma muscular está incluído no aparelho locomotor [e] tem grande importância no corpo como um tod[o], pois, além de ser responsável pelos movime[n]tos, ele ainda auxilia no bom funcioname[nto] de outros sistemas, como o esquelético e [?] o digestório.

De acordo com o Dr. Artur Padão Gosli[n,] fisioterapeuta da Aliviar Medicina da D[or,] a estrutura de um músculo é basta[nte] importante para a contração e o rela[xa]mento do mesmo, o armazenamento [e] gasto de energia e também para a p[ró]pria sustentação do corpo. "O interior [de] um músculo é basicamente formado p[or] água e proteínas. As células muscula[res] são chamadas de fibras musculares ou [mi]ócitos e podem ser mais longas que u[ma] régua de 30 cm. As proteínas muscula[res] mais famosas são a actina e a miosina". [Os] músculos desempenham diversas funções [no] organismo. São responsáveis pelos movime[n]tos globais, como andar ou correr; estabiliz[am] posições corporais, sem eles, seria impossí[vel] sentar ou ficar em pé; regulam o volume de [ór]gãos ocos, como o estômago; movimentam su[bs]tâncias corporais, como é o caso das veias das pern[as] que são estimuladas quando andamos, fazendo c[om] que o sangue suba mais rápido de volta ao coração[;] ainda produzem calor quando se contraem, auxilian[do] na manutenção da temperatura corporal.

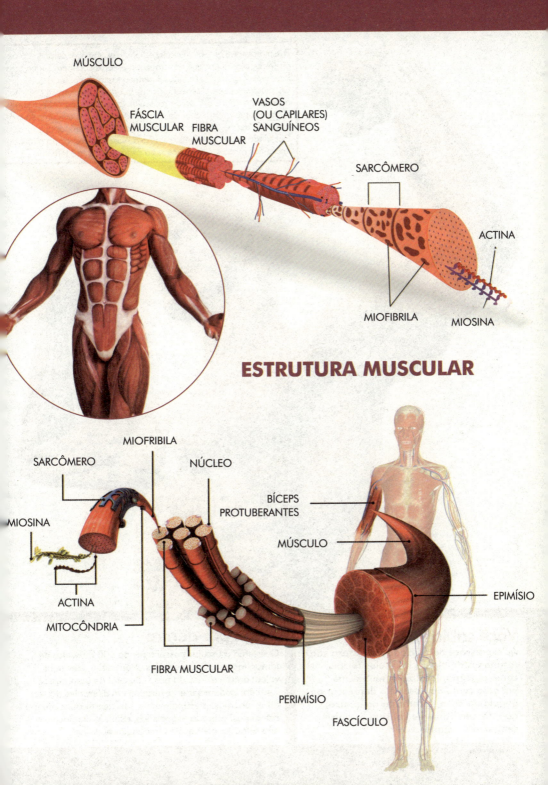
ESTRUTURA MUSCULAR

SISTEMA MUSCULAR

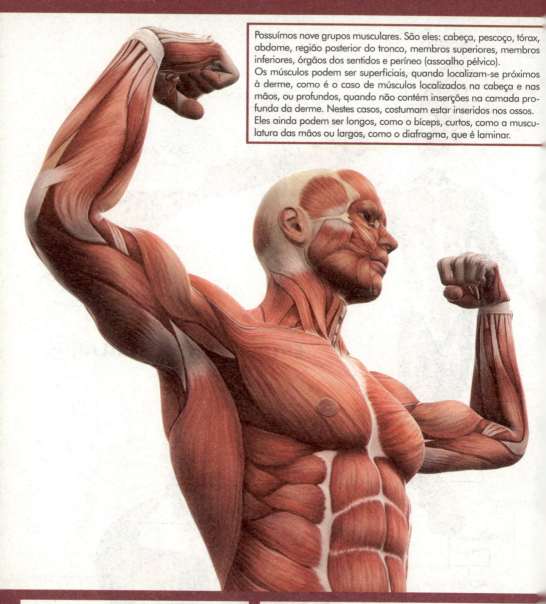

Possuímos nove grupos musculares. São eles: cabeça, pescoço, tórax, abdome, região posterior do tronco, membros superiores, membros inferiores, órgãos dos sentidos e períneo (assoalho pélvico).
Os músculos podem ser superficiais, quando localizam-se próximos à derme, como é o caso de músculos localizados na cabeça e nas mãos, ou profundos, quando não contém inserções na camada profunda da derme. Nestes casos, costumam estar inseridos nos ossos. Eles ainda podem ser longos, como o bíceps, curtos, como a musculatura das mãos ou largos, como o diafragma, que é laminar.

Você sabia?

As expressões de felicidade e tristeza são resultados de alguns músculos faciais, como o risório, localizado na mesma linha do canto da boca, e o depressor do ângulo da boca, localizado no queixo; que, respectivamente causam os dois sentimentos citados.

Fique por dentro

O sistema muscular possui mais de 600 músculos de tamanhos e funções variadas. Além disso, eles equivalem a 40% e 50% do peso corporal de uma pessoa. Também podem ser encontrados em diferentes partes do corpo, mas, principalmente, são classificados em três categorias: estriado esquelético, estriado cardíaco e o não estriado, conhecido também como liso.

ANATOMIA DE UM MÚSCULO

Actina: uma das duas proteínas fundamentais do músculo. Em filamento, ela interage com a miosina para obter a contração muscular.

Miosina: uma das duas proteínas fundamentais do músculo. Em filamento, ela interage com a actina para obter a contração muscular.

Miofibrila: célula muscular formada pelos filamentos de actina e miosina. Por possui vários núcleos celulares, ela faz com que a atividade metabólica do músculo seja alta.

Sarcômero: localizados dentro da miofibrila, são os espaços onde acontece a contração da actina e da miosina. Existem centenas de sarcômero dentro da miofibrila.

Fibra muscular: é o conjunto de centenas de miofibrilas que acabam se abrigando em famílias.

Fascículo: é uma família ou o agrupamento de várias fibras musculares.

Endomísio: tecido conjuntivo encontrado dentro dos fascículos e que separa uma fibra muscular da outra.

Perimísio: tecido conjuntivo que separa uma família ou agrupamento de fascículos do outro.

Feixe muscular: onde abriga as diversas famílias ou agrupamento de fascículos.

Epimísio: tecido conjuntivo mais externo e que abriga e protege todas essas estruturas do músculo.

Ventre muscular: é o conjunto inteiro das famílias ou agrupamento fascículos, que abrigam as fibras musculares. Grosso modo, abriga toda área vermelha e contrátil do músculo.

Fáscia muscular: é o conjunto dos tecidos conjuntivos do músculo e tem a função de proteger que outros músculos fiquem em atrito. Sua estrutura mais densa e que acaba próxima ao osso dá origem ao tendão.

Tendão: tecido conjuntivo fibroso, rico em colágeno, que une o músculo ao osso, com ajuda do periósteo. É mais encontrado no tecido muscular estriado esquelético.

Aponeurose: membrana com a estrutura bastante semelhante a do tendão, mas possui uma forma mais achatada. Também têm a função de prender os músculos aos ossos e pode ser encontrado nos músculos internos, como os do tórax.

Fonte da anatomia do músculo: Departamento de Morfologia do Centro Universitário Luterano de Palmas (TO)

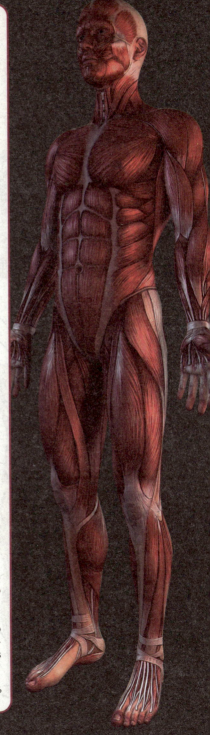

SISTEMA MUSCULAR

TECIDO MUSCULAR ESTRIADO ESQUELÉTICO

O tecido muscular estriado esquelético possui este nome por conter uma série de estriações no decorrer de suas fibras musculares e também por se estruturarem no esqueleto, mais precisamente nos ossos. É o único tecido muscular responsável pelos movimentos voluntários. Ou seja, os movimentos que dependem da nossa vontade, como a locomoção das pernas. "Dentre as suas funções, temos a sustentação do corpo, força para os movimentos e posturas, além da capacidade de conseguirmos gerar contração de forma voluntária", completa o fisioterapeuta Dr. Artur Padão Gosling.
Os músculos com característica estriado esquelético encontram-se em maioria no corpo humano. A seguir, saiba onde estão localizados os músculos que mais se destacam nesta classe:

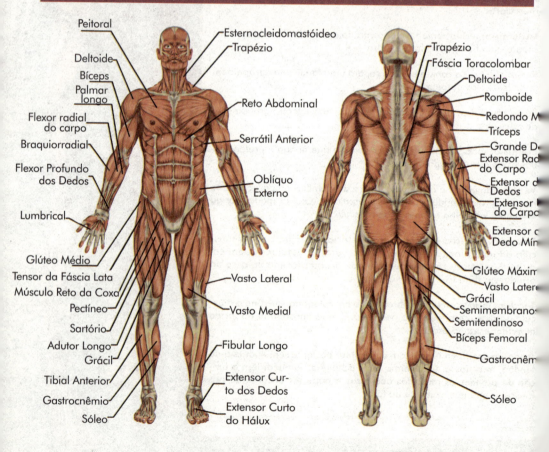

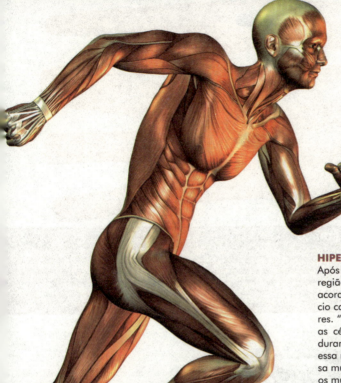

CURIOSIDADE
Sabia que existe um músculo triangular que está localizado na lateral do crânio? Ele é responsável pelos movimentos da mandíbula. Ou seja, é ele que ajuda na nossa mastigação!

HIPERTROFIA
Após exercícios, é comum ficarmos com a região trabalhada um pouco dolorida. De acordo com o biólogo Alef Beldi, o exercício causa micro lesões nas fibras musculares. "Elas são curadas pelas proteínas que as células do tecido muscular sintetizam durante a atividade física, é justamente essa regeneração que faz com que a massa muscular aumente, ou seja, que deixem os músculos inchados".
Mas atenção, pois o treino pode ter o resultado contrário, enfatiza o educador físico Lucas Ribeiro, da New Concept Academia, "o excesso de treino, a alimentação e o tempo de descanso inadequados podem fazer com que o rompimento de fibras seja maior que a capacidade de regeneração". O ideal é descansar a região de 24 a 48 horas até uma nova sessão.

ANTAGONISMO MUSCULAR
O antagonismo muscular nada mais é que a função dos músculos estriados esqueléticos de se contraírem de forma oposta ou contrária a um outro músculo que esteja próximo a ele. "Significa que quando um músculo se contrai para movimentar o corpo em uma direção, um outro músculo também se contrai na direção oposta, permitindo um maior controle do movimento", explica o fisioterapeuta Dr. Artur Padão Gosling. Por esse motivo, o músculo que direciona para um sentido é chamado de agonista, enquanto que o outro que acaba se contraindo devido àquele sentido é o antagonista. Imagine a simples ação de segurar um copo. Os agonistas são os músculos que se contraem ativamente para realizar um movimento desejado; no exemplo, são os flexores dos dedos. Já os antagonistas se opõe às ações agonistas, é o relaxamento progressivo, desempenhado pelos extensores dos dedos.
Há ainda os sinergistas, que participam da ação estabilizando articulações para que estas não prejudiquem o movimento desejável durante a ação. No exemplo, eles estabilizariam o cotovelo, punho e ombro para não derrubarmos o copo. Já os fixadores estabilizam a origem do músculo agonista, para que ele aja de maneira eficaz.

SISTEMA MUSCULAR

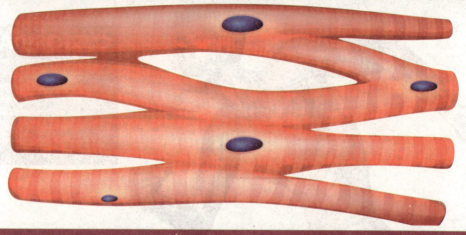

TECIDO MUSCULAR ESTRIADO CARDÍACO

Assim como o tecido muscular estriado esquelético, o estriado cardíaco também possui estriações ao longo das fibras musculares. Entretanto, segundo o fisioterapeuta Dr. Artur Padão Gosling, este tecido é exclusivo do coração e também pode ser conhecido como miocárdio. "É bem parecido com o tecido muscular estriado, porém a contração é involuntária e rápida. Sua função é gerar contração para enviar o sangue ao restante do corpo e para o próprio coração, por meio das artérias coronárias".

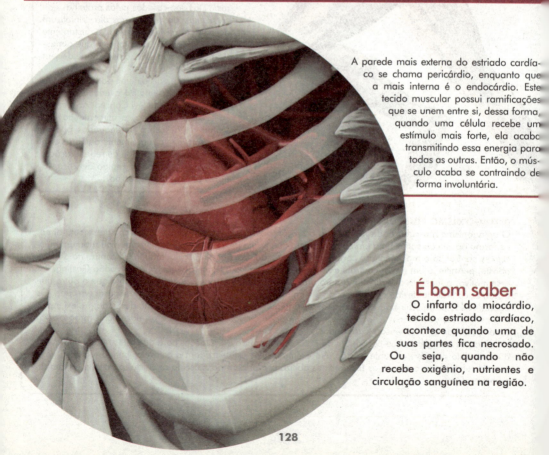

A parede mais externa do estriado cardíaco se chama pericárdio, enquanto que a mais interna é o endocárdio. Este tecido muscular possui ramificações que se unem entre si, dessa forma, quando uma célula recebe um estímulo mais forte, ela acaba transmitindo essa energia para todas as outras. Então, o músculo acaba se contraindo de forma involuntária.

É bom saber
O infarto do miocárdio, tecido estriado cardíaco, acontece quando uma de suas partes fica necrosado. Ou seja, quando não recebe oxigênio, nutrientes e circulação sanguínea na região.

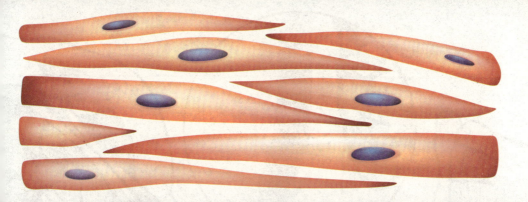

TECIDO MUSCULAR LISO

Diferente dos tecidos estriados, o muscular liso não possui estriações e, por isso, acabou ganhando esse nome. As células são mais longas, consistentes na região central e ralos nas pontas, e ainda possuem apenas um núcleo central. Este tecido também possui camadas externas protetoras, já que é frequentemente encontrado nos órgão internos, como o estômago e o pulmão. "O tecido muscular liso reveste internamente as vísceras ocas, como o intestino, a bexiga e o útero, e os vasos sanguíneos. A contração muscular é considerada involuntária e lenta, permitindo diversas funções, como o transporte de sangue para o corpo, digestão e a eliminação de fezes e urina", diz o fisioterapeuta Dr. Artur Padão Gosling.

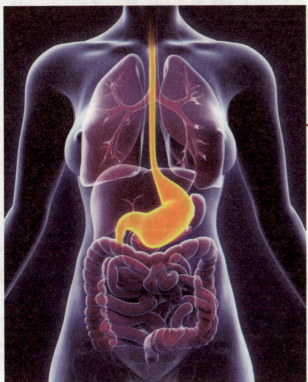

Também existe um tipo de tecido muscular liso cujo as células podem se contrair independente das outras, como é o caso do multiunitário, que é controlado pelo sistema nervoso. Este tecido é encontrado, principalmente, nos olhos e nos piloeretores, responsáveis pela ereção dos pelos.

Fique por dentro
Você sabia que a digestão não seria possível sem o tecido muscular liso? Acontece que ele proporciona os movimentos peristálticos, que misturam e empurram os alimentos dentro dos órgãos que fazem parte do tubo digestório, como o estômago e o intestino.

Sensacional!
Os músculos que mais se movimentam no corpo humano são os dos olhos, sendo, em média, 100 mil vezes por dia.

SISTEMA MUSCULAR

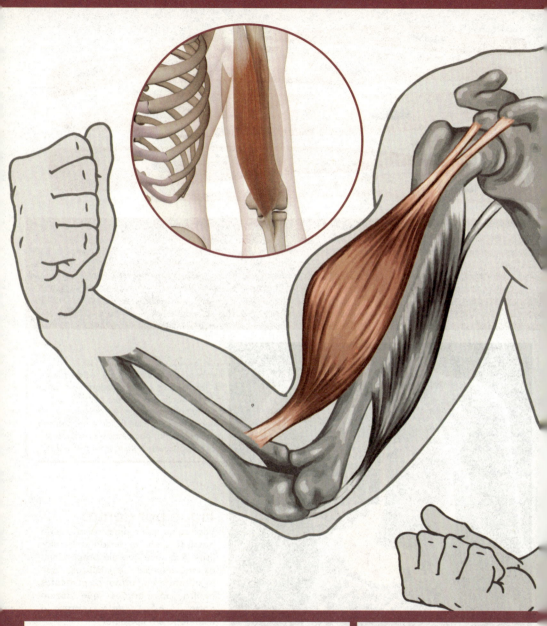

Você sabia?
Sabe quando você faz muito esforço na academia e no outro dia não consegue andar direito? Isso quer dizer que aconteceu uma fadiga no músculo exercitado. Essa região recebeu muitas contrações, perdeu energia e acabou ficando muito cansado. Por isso, tome cuidado na hora de pegar pesado nos aparelhos!

Curiosidade
O menor músculo do corpo humano é o estapédio, que está localizado no ouvido médio. Já o maior e mais denso é o glúteo máximo, localizado no bumbum.

ÂIMBRA

cãibras podem ser desencadadas por fatores patológicos, como problemas motores ou metabólicos, mas, de maneira geral, são sentidas durante ou após atividade física, especialmente por atletas de alta performance. As cãibras são contrações involuntárias, fortes e duradouras em músculos estriados (de contração voluntária) caracterizadas por fortes dores. Suas causas ainda não foram totalmente esclarecidas, o que se sabe é que a falta de hidratação e de nutrientes, especialmente potássio, são associadas à frequência de cãibras. O professor Lucas Ribeiro enfatiza que alongamentos antes dos exercícios, alimentação e descanso adequados podem reduzir sua ocorrência.

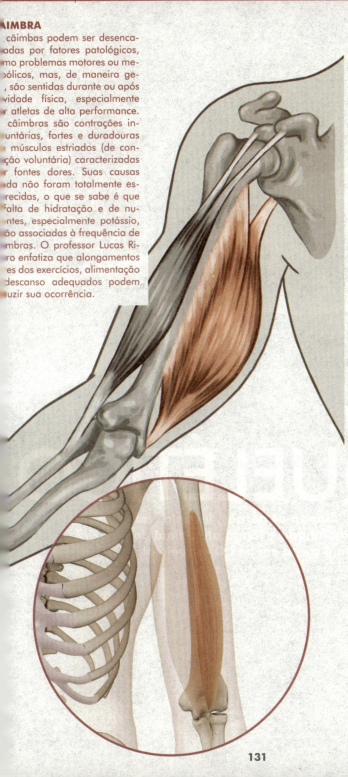

CONTRAÇÃO X RELAXAMENTO

Como podemos observar, a contração muscular pode acontecer de variadas formas. A contração acontece com o encurtamento dos sarcômeros, localizados dentros das miofibrilas. Neste caso, para a actina e a miosina se unirem é necessário que os íons cálcio entrem em ação no local. "A contração muscular é um processo bem engenhoso, mecânico e químico. Temos um estímulo elétrico, do sistema nervoso que chega ao músculo e substâncias químicas que permitem essa transmissão. A mais famosa delas é a acetilcolina, que facilita a passagem para as células musculares. Isso permite a abertura de canais dos íons e estimula as proteínas actina e miosina a se movimentarem uma sobre a outra", explica o fisioterapeuta Dr. Artur Padão Gosling.

Já o relaxamento muscular nada mais é que o efeito contrário desta ação que ocorre dentro dos sarcômeros. Ou seja, quando há falta dos íons citados. "O processo de descontração muscular ocorre pelo mecanismo oposto: a saída do íon cálcio e movimento contrário da actina e miosina, até o próximo estímulo contrair novamente o músculo", completa Dr. Artur. Confira os três principais tipos de contração muscular:

Concêntrica – acontece quando o músculo fica encurtado e acaba tracionando outra estrutura. Exemplo: flexores do cotovelo diminuem de tamanho quando a pessoa bebe um copo d'água.

Excêntrica – acontece quando o músculo fica alongado por inteiro. Exemplo: músculo das pernas se esticam quando a pessoa está praticando uma corrida.

Isométrica – acontece quando o músculo se contrai sem qualquer esforço físico. Exemplo: músculo está contraído quando você segura um objeto à sua frente, sem fazer qualquer movimento.

CAPÍTULO 12

Sistema
ESQUELÉTICO

Acorda, espreguiça. Alonga as pernas, levanta, vai até o banheiro. A caminhada é longa até o final do dia. E o que sustenta o corpo em pé? O esqueleto!

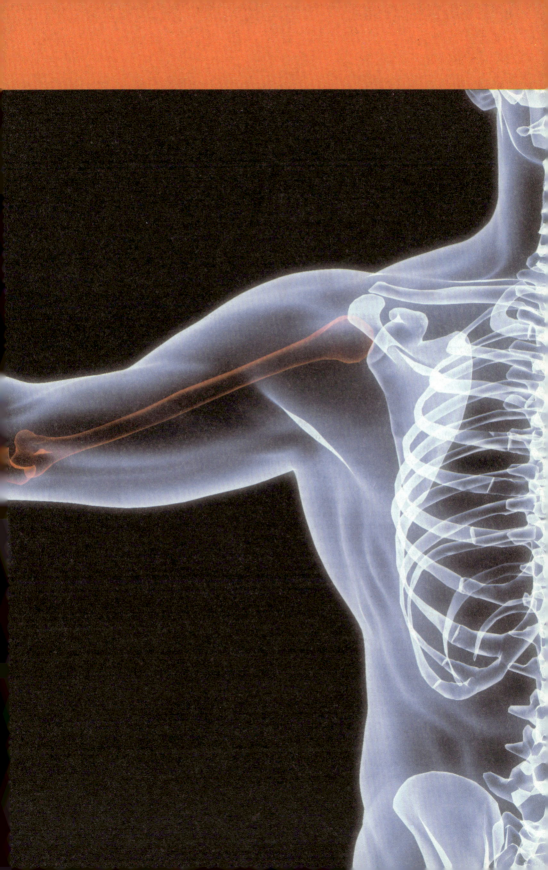

SISTEMA ESQUELÉTICO

ORGANISMO FIRME

Os ossos são os responsáveis por manter você em pé, além, é claro, de muitas outras funções. Desvende, agora, onde está cada um deles

Por Evelyn Moreto • Fotos Shutterstock

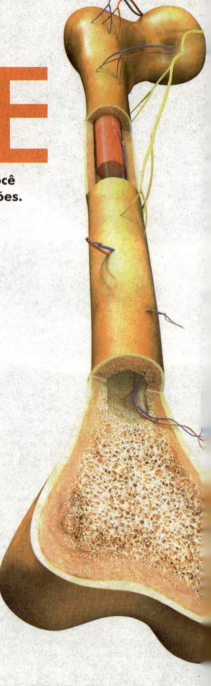

Formado por cerca de 200 ossos, são os ossos que auxiliam em cada mínimo movimento feito pelos seres humanos vertebrados, ou seja, que possuem vértebras. Desde o dedo mindinho do pé até aquele exercício puxado na academia, sem eles nada poderia ser feito. Juntos, eles formam o esqueleto, estrutura que mantém o organismo em pé. Contudo, além da sustentação corporal, o esqueleto tem outras grandes funções, como a reserva de sais minerais fundamentais para o bom funcionamento das células (cálcio e fósforo são os principais); a medula óssea, que produz hemácias, leucócitos e plaquetas, células indispensáveis no sangue e também proteger os órgãos do corpo humano.

DE CARTILAGEM A OSSO

O esqueleto de um ser humano começa a ser formado quando ainda é um embrião. Como uma espécie de molde, uma estrutura cartilaginosa dá, durante o desenvolvimento do feto até o momento de seu nascimento, lugar ao esqueleto ósseo. Mas o esqueleto ainda não está completamente formado. "É uma zona muito ativa, a cartilagem se transforma em osso, com maior desenvolvimento da ossificação durante a adolescência", explica o ortopedista Dr. João Polydoro. Até os 20 anos de vida de um adulto, em média, ele cresce e se ossifica, ou seja, deixa de ser cartilagem na grande parte do corpo, exceto naquelas em que é preciso ter flexibilidade, como orelhas, a ponta do nariz e a extremidades de ossos articulados, por exemplo.

A ESTRUTURA DE UM OSSO

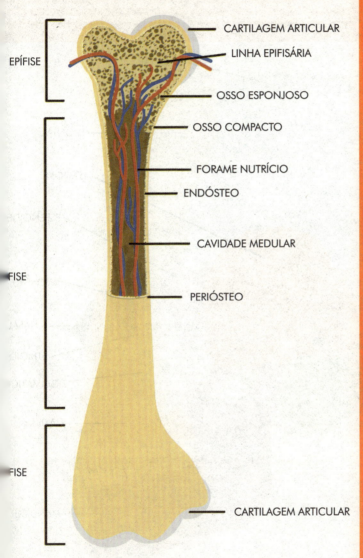

EPÍFISE: extremidade do osso, recoberta por cartilagem
DIÁFISE: parte do osso que fica entre as epífises, envolvida pelo periósteo
CARTILAGEM ARTICULAR: estrutura elástica e resistente que compõe uma articulação
LINHA EPIFISÁRIA: resquício da região responsável pelo crescimento dos ossos
OSSO ESPONJOSO: osso em formato de grade com espaços que acomodam a medula óssea
Osso compacto: denso, é aquele que resiste às forças, peso e movimento
FORAME NUTRÍCIO: abertura do osso por onde os vasos sanguíneos fazem a nutrição do osso
ENDÓSTEO: camada que reveste a cavidade medular do osso
Cavidade medular: cavidade do osso onde a medula amarela está armazenada
PERIÓSTEO: membrana de fibra que reveste a parte de fora do osso

QUEBRA-CABEÇA
Como as peças de um jogo, os ossos do esqueleto unem-se por meio das juntas e articulações. As juntas são os pontos em que os ossos se tocam. Quando são fixos, como no crânio, por exemplo, eles estão, de fato, unidos – o que significa que estão unidos e formam uma estrutura rígida. Já quando são móveis, como os ossos das mãos, as juntas dão lugar às articulações, que permitem o livre movimento. Acerca das articulações existem diferentes tipos, como o que permite movimento circulares, popularmente chamado de bola e soquete; e tipo dobradiça, nos joelhos e cotovelos, que permite uma "dobradura" maior. Para que não haja nenhum tipo de atrito, o mecanismo de ossos articulados conta com espécies de cordões nominados ligamentos, firmemente aderidos às membranas que revestem os ossos.

Você sabia?
Algumas pessoas têm mais ossos do que outras. Além de ser um problema de má formação, pode ser também de adaptação. Quem anda muito à cavalo, por exemplo, desenvolve novos ossos na bacia.

SISTEMA ESQUELÉTICO

UM CORPO, DUAS PARTES

O esqueleto pode ser dividido em duas partes: axial, que é o eixo do corpo e é constituído pelos ossos da cabeça e do tronco; e apendicular, formado pelos membros superiores e inferiores, que se unem através dos ossos escapular e pélvico.

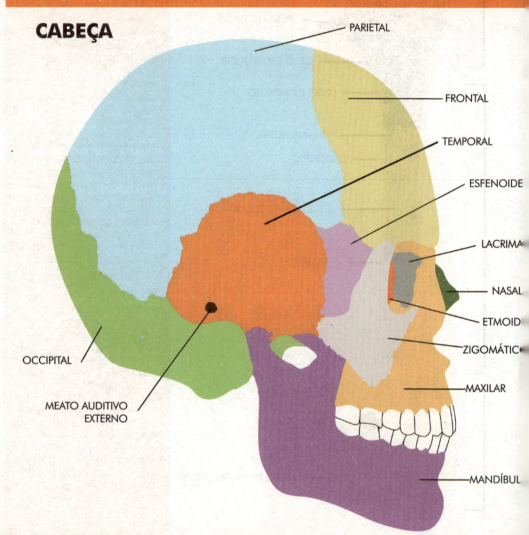

Você sabia?
Mesmo uma pequena porção da ossatura humana, do tamanho de uma caixa de fósforos, pode suportar o peso de até nove toneladas!

Novidade!
O pescoço da girafa tem a mesma quantidade de ossos que o do ser humano. A única diferença é o seu comprimento.

Cuidado!
O osso é duro por fora, mas, por dentro, é formado por 75% de água.

2 ossos separados se encontram ao longo da vida para formar a estrutura do rosto de um ser humano. Dentre eles ainda estão aqueles que protegem o cérebro, órgão vital. A maioria dos ossos cranianos, como são chamados, formam pares (do lado direito e do lado esquerdo). De suas principais características, destacam-se a forma – mesmo com uma espessura mais fina do que a de outros ossos –, e seu formato curvo.

TRONCO

Nesta parte do corpo, a ossatura divide-se para cumprir diferentes funções. A caixa torácica é formada por 12 pares mais o esterno. Do primeiro ao sétimo par temos as chamadas costelas verdadeiras, que são ligadas diretamente ao osso esterno através das cartilagens costais. Do oitavo ao décimo par são as costelas falsas, que não se ligam ao esterno, mas sim à cartilagem das sétimas costelas. Os dois pares restantes são as flutuantes, que não se conectam através de cartilagens. A grande função da caixa torácica é proteger órgãos vitais, como pulmão e coração, além dos principais vasos sanguíneos da região. Ela está conectada à costela e o osso esterno protegem o coração, os pulmões e os principais vasos sanguíneos daquela região. Já a caixa torácica, formada por ossos curtos e achatados denominados costelas, auxilia nos movimentos respiratórios junto à musculatura. Eles são unidos à coluna vertebral, espécie de eixo do esqueleto. Também conhecida como espinha dorsal, é constituída por 33 vértebras.
A produção de sangue
A medula óssea é responsável por um fenômeno chamado hematopoiese, que nada mais é que a produção de células sanguíneas. Em indivíduos mais jovens, a maior parte dos ossos apresenta células produtoras de sangue, chamadas de medula vermelha. Já na fase adulta, poucos ossos permanecem realizando hematopoiese. O espaço da medula vermelha dá lugar à medula de coloração amarelada, onde são armazenadas gorduras.

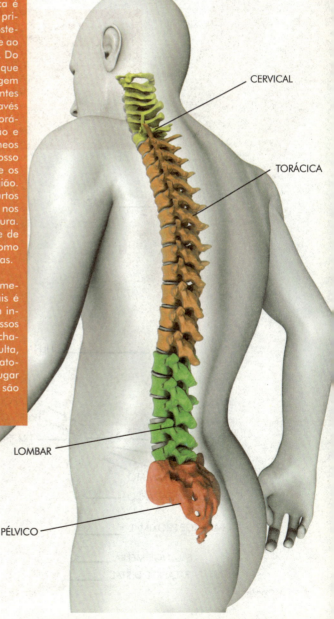

Cervical: região do pescoço constituída por sete vértebras
Torácica: doze vértebras entre o pescoço e as costelas
Lombar: logo abaixo da torácica, cinco vértebras que sustenta a maior parte do peso do corpo
Pélvico: conjunto de vértebras entre a coluna e os membros inferiores

SISTEMA ESQUELÉTICO

Os ossos podem ser curtos, longos e chatos. Os curtos apresentam comprimento, largura e espessura quase iguais, como o principal osso do joelho e alguns dos ossos das mãos e dos pés. Já para ser considerado longo, seu comprimento deve ser significativamente maior do que a largura e a espessura, como o fêmur, osso da coxa, a tíbia, osso da perna e os ossos dos braços E os ossos chatos são aqueles finos, com formato achatado, como as costelas, por exemplo.

BRAÇOS E PERNAS

Os membros, superiores e inferiores, respectivamente, possibilitam difer tes formas de movimento. Fato curioso é que, o braço é composto por a nas um osso, o úmero. Já o antebraço, como uma continuação logo a da articulação, é formada por outros dois, conhecidos como rádio e cúb o da parte interna. Já nas mãos está uma boa porção dos ossos de tod corpo humano: carpo, metacarpo e os ossos do dedo. A região conect ao esqueleto axial através da clavícula e da escapula torácica. São 32 os em cada lado dos membros superiores, totalizando 64.

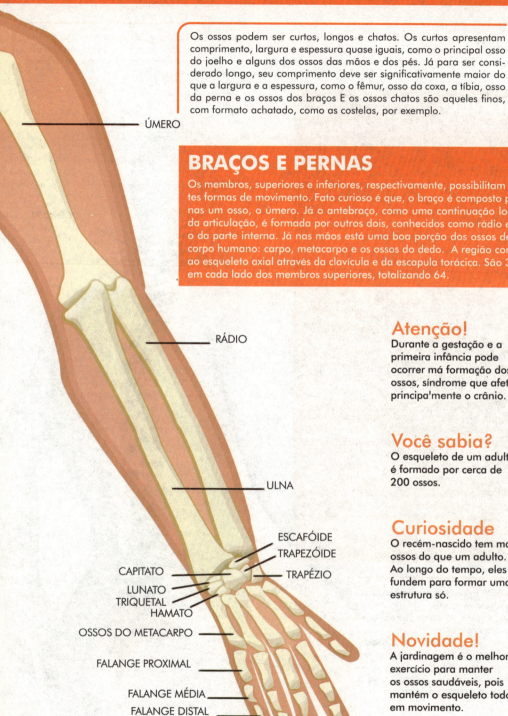

Atenção!
Durante a gestação e a primeira infância pode ocorrer má formação dos ossos, síndrome que afeta principa'mente o crânio.

Você sabia?
O esqueleto de um adulto é formado por cerca de 200 ossos.

Curiosidade
O recém-nascido tem mais ossos do que um adulto. Ao longo do tempo, eles se fundem para formar uma estrutura só.

Novidade!
A jardinagem é o melhor exercício para manter os ossos saudáveis, pois mantém o esqueleto todo em movimento.

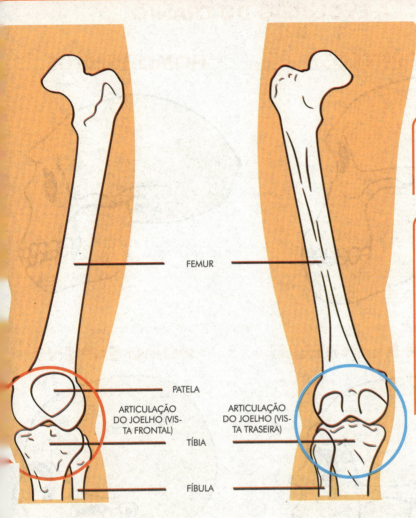

Os ossos dos membros inferiores têm início na cintura pélvica, que une o esqueleto apendicular ao axial em uma articulação chamada sacro-ilíaca.

Maiores, as pernas sustentam o peso do corpo. Nelas estão o maior osso que compõe o esqueleto, o fêmur. Situado na coxa, tem ligação com a patela, a rótula do joelho e, na perna, a tíbia e o perônio compõe o restante da estrutura. Nos pés, o tarso, metatarso e a falange dão continuidade à sustentação já ao final do esqueleto. São 31 ossos em cada lado, totalizando 62.

FRATURAS

Os ossos possuem a capacidade de se regenerar após uma fratura. Mas, na maioria dos casos, é necessária uma ajudinha médica para que eles não 'colem' de maneira errada; por isso o uso de gesso e, em casos mais graves, pinos de metal. O educador físico Lucas Ribeiro explica que, em nosso organismo, há células chamadas osteoclastos, que fagocitam os fragmentos de osso soltos após uma fratura, que acabam 'absorvidos' pelo corpo. As membranas periósteo e endósteo ficam responsáveis pela produção de osteoblastos, que darão origem ao novo tecido ósseo.

Você sabia?

Os ossos representam cerca de 20% do peso do corpo humano.

Atenção!

O menor osso do corpo humano é o estribo, localizado no ouvido.

Curiosidade

Em um adulto com 1,80 m, o fêmur pode medir mais do que 50 centímetros!

SISTEMA ESQUELÉTICO

A EVOLUÇÃO DO CRÂNIO

AUSTRALOPITECOS

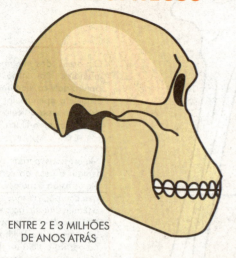

ENTRE 2 E 3 MILHÕES DE ANOS ATRÁS

HOMO ERECTUS

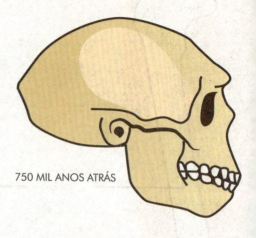

750 MIL ANOS ATRÁS

HOMEM DE NEANDERTAL

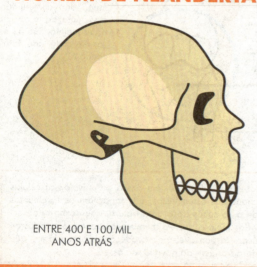

ENTRE 400 E 100 MIL ANOS ATRÁS

HOMO SAPIENS

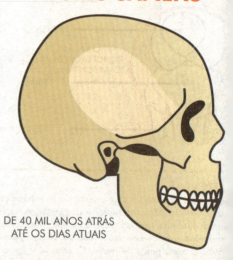

DE 40 MIL ANOS ATRÁS ATÉ OS DIAS ATUAIS

Impressionante
Os ossos são fortes e rígidos, e construídos para suportar uma grande quantidade de força. São mais fortes que o aço! Mas surpreendentemente eles não são a substância mais dura do corpo. Esse título vai para o esmalte dos dentes.

Você sabia?
As mãos e os pés contêm mais da metade dos ossos do corpo humano! Cada mão possui 27 ossos e cada pé, 26 ossos.

OSTEOPOROSE: A FRAQUEZA DOS OSSOS

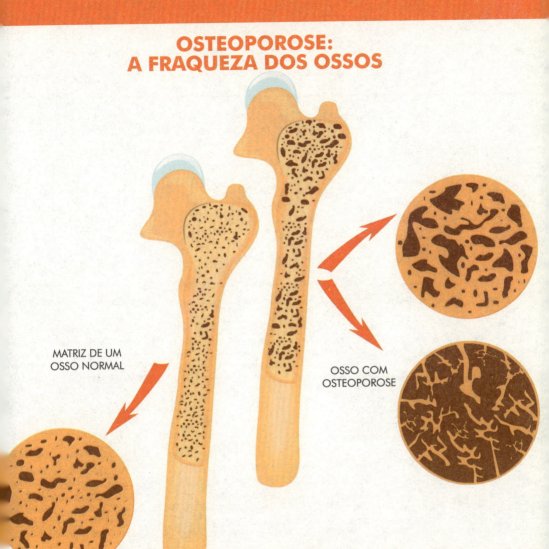

Doença metabólica caracterizada pela perda de massa óssea, a osteoporose é silenciosa e pode afetar desde adolescentes até idosos. Com menor frequência, também crianças. "A partir dos 30 anos, o corpo passa a diminuir a formação de novo material ósseo. Diante disso, a absorção de osso passa a ser maior do que a formação, aumentando a fragilidade dos mesmos e deixando a pessoa mais suscetível ao desenvolvimento da doença", informa Dr. Helder Montenegro, fisioterapeuta, especialista em coluna vertebral, presidente da Associação Brasileira de Reabilitação de Coluna – ABRC, diretor do Instituto Pilates. Os principais sintomas são dor ou sensibilidade óssea, diminuição da estatura com o passar do tempo, dor na região da lombar, pescoço e também postura encurvada. Há tratamento, porém, o melhor remédio contra a osteoporose é a prevenção. "Para prevenir a doença é importante manter uma boa alimentação que seja rica em cálcio, presente no leite e em seus derivados, e em vitamina D, presente nas folhas, bem como a prática regular de atividades físicas", finaliza Montenegro.

CURIOSIDADES

O nosso estômago tem de produzir uma nova camada de muco de 2 em 2 semanas. Caso contrário, digeria-se a ele próprio.

É impossível espirrar com os olhos abertos!

Os nossos olhos são sempre do mesmo tamanho, desde o nascimento, enquanto que as orelhas e o nariz nunca param de crescer.

4 kg é o peso médio do cérebro humano. Este consome 25% do oxigênio que respiramos.

O suor não tem odor. São as bactérias da pele que criam o cheiro.

Uma pessoa normal tem cerca de 1.460 sonhos por ano.

Por cada sílaba que o homem fala, 72 músculos entram em movimento. Para sorrir, são utilizados 14 músculos. Para beijar, 29.

Todos temos 300 ossos quando nascemos, mas chegamos a adultos apenas com 206.

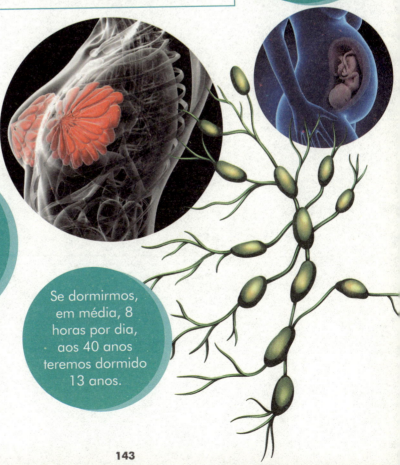

Se não exercitarmos o que aprendemos, esquecemos 25% em seis horas, 33% em 24 horas e 90% em seis meses.

Se dormirmos, em média, 8 horas por dia, aos 40 anos teremos dormido 13 anos.

O esqueleto de um homem de 64 quilos pesa cerca de 11 quilos.

GLOSSÁRIO

INTRODUÇÃO E SISTEMAS CIRCULATÓRIO, DIGESTÓRIO E EXCRETOR

ABDÔMEN: cavidade que constitui a parte inferior do tronco. É ali que se aloja a maior parte dos aparelhos digestivo e geniturinário. Popularmente chamado de barriga.

ÁCIDOS GRAXOS: ácidos formados por componentes orgânicos resultado da quebra de gordura.

ADVENTÍCIA: camada externa da parede arterial.

ÁCIDO ÚRICO: substância presente em alguns alimentos. Pode ficar na corrente sanguínea ou ser excretada pela urina.

ALVÉOLOS PULMONARES: pequenas estruturas responsáveis pelas trocas gasosas durante a respiração.

AMILASE: enzima produzida pelo pâncreas e pelas glândulas salivares que atua na digestão do amido.

AMINOÁCIDOS: partículas que formam as proteínas.

ARTÉRIAS: vasos sanguíneos que carregam o sangue a partir dos ventrículos do coração para todas as partes do corpo.

ARTÉRIAS CORONÁRIAS: são os vasos responsáveis pela chegada de oxigênio e outros nutrientes.

ARTÉRIAS ILÍACAS: ramos da aorta que levam o sangue até os membros inferiores.

ARTÉRIAS UMBILICAIS: durante a gravidez, transportam sangue pobre em oxigênio.

ARTERÍOLAS: pequenos vasos sanguíneos que resultam na ramificação das artérias.

ARTICULAÇÕES: conexões naturais entre dois ou mais ossos.

AURÍCULA: cavidade do coração que recebe o sangue arterial.

BAÇO: órgão do sistema linfático que ajuda na defesa do organismo.

BILE: fluido produzido pelo fígado e que auxilia no processo de digestão de gorduras e na captação de nutrientes.

BILIRRUBINA: resto da destruição das hemácias (glóbulos de sangue) velhas e defeituosas do baço.

CÁLCIO: mineral essencial para a construção e manutenção de ossos e dentes.

CAIXA TORÁCICA: espaço compreendido pela curvatura das costelas em que estão o coração e os pulmões.

CARBOIDRATOS: classe de moléculas relacionada ao fornecimento imediato de energia às células.

CARTILAGEM: tipo de tecido resistente e flexível formado por células jovens.

CARTILAGEM HIALINA: tipo de cartilagem que forma a grande parte dos tecidos frouxos do organismo, como fossas nasais, por exemplo.

CAVIDADE PÉLVICA: espaço que protege e sustenta a bexiga, porções do intestino grosso e órgãos internos do sistema genital.

CÉLULAS: unidades estruturais e funcionais dos organismos vivos.

CÉLULAS GERMINAIS: células que podem dar origem aos óvulos e espermatozoides.

CÉREBRO: principal órgão do sistema nervoso que dá ao ser humano a capacidade de exercer suas funções vitais.

CÓRNEA: membrana transparente que protege os olhos e ajuda a focar a luz através da pupila para a retina.

CRÂNIO: estrutura óssea que protege o cérebro e forma a face.

DIAFRAGMA: músculo responsável pela respiração, serve de fronteira entre a cavidade do tórax e do abdômen.

ELETRÓLITOS: substância condutora de eletricidade.

ENDOTÉLIO: camada celular que reveste a parte interior dos vasos sanguíneos e linfáticos.

ENZIMAS: proteínas com atividade dentro e fora das células, facilitando a ocorrência de reações.

EPIDERME: camada mais superficial da pele, que está

GLOSSÁRIO

diretamente em contato com o universo exterior.

EPIGLOTE: pequena cartilagem acima da laringe.

ESFÍNCTERES: estrutura em forma de anel que determina a amplitude de um orifício.

EVACUAÇÃO: dejeção natural ou artificial de matéria orgânica.

FEIXES INTERNODAIS: estruturas do sistema de condução cardíaco.

FRUTOSE: açúcar comum nas frutas, no néctar e no mel.

GALACTOSE: açúcar obtido pela decomposição química da lactose.

GÁS CARBÔNICO: composto químico formado por dois átomos de oxigênio e um de carboidratos.

GLÂNDULAS: órgãos cuja função é secretar substâncias que tenham objetivo final predeterminado no corpo humano.

GLICERÓIS: molécula orgânica relacionada ao armazenamento de energia.

GLICOGÊNIO: molécula de armazenamento de açúcares nas células.

GLICOSE: substância que constitui a principal fonte de energia para o organismo.

GLÓBULOS: células componentes do sangue.

GLÓBULOS BRANCOS: células componentes do sangue responsáveis pela defesa do organismo.

GLUCAGON: hormônio responsável por aumentar os níveis de glicose no sangue.

HALITOSE: mau hálito, cheio desagradável na boca.

HEMÁCIAS: são os glóbulos vermelhos do sangue, responsáveis pelo transporte de oxigênio pelos diferentes tecidos do corpo humano.

HEMODIÁLISE: método de filtração por meio de um rim artificial.

HEMOGLOBINA: proteína existente do interior das hemácias, também responsável pelo transporte de oxigênio.

HIPERTENSÃO: tensão exercida pelo sangue sobre as paredes dos vasos de um órgão em uma intensidade acima do habitual.

HIPÓFISE: glândula endócrina capaz de regular a atividade de outras glândulas como a tireoide, por exemplo.

HIPOTÁLAMO: órgão do sistema nervoso relacionado à regulação da temperatura do corpo, do apetite, das atividades gastrointestinal e sexual, das emoções, entre outros.

HORMÔNIOS: substâncias produzidas por células especializadas. São lançadas na circulação sanguínea para produzir efeitos específicos.

ÍLEO: parte terminal do intestino delgado, localizado entre o jejuno e a primeira porção do intestino grosso.

INSULINA: hormônio que auxilia na transformação da glicose em energia.

JEJUNO: porção do intestino delgado entre o duodeno e o íleo.

LACTASE: enzima que decompõe a lactose.

LEUCÓCITOS: também conhecidos como glóbulos brancos, são células componentes do sangue responsáveis pela defesa do organismo.

LINFA: fluido responsável pela eliminação de impurezas que as células produzem durante seu metabolismo.

LINFÓCITOS: presentes nos glóbulos brancos, são responsáveis pela defesa do organismo.

LINFONODOS: estruturas espalhadas por todo o corpo que funcionam como um filtro contra agentes infecciosos.

LIPASE: enzima que atua sobre os lipídios.

LIPÍDIOS: moléculas de estrutura molecular variada que exercem diferentes atividades no corpo humano a depender de sua especialidade.

LOBOS: localizados no cérebro, são responsáveis por diferentes atividades, como

GLOSSÁRIO

planejamento de movimentos, por exemplo.

MALTASE: enzima que atua sobre a maltose.

MALTOSE: substância de reserva nas células vegetais, é conhecida popularmente como açúcar do malte.

MECANORRECEPTORES: receptores sensoriais que respondem a estímulos mecânicos, como por exemplo, os ouvidos, que são capazes da captar as ondas sonoras.

MEDIASTINO: espaço entre os dois pulmões que comporta a traqueia, o coração, o esôfago, o timo e parte dos sistemas nervoso e linfático.

METABOLISMO: conjunto de transformações pelas quais passam as substâncias que constituem o organismo.

MINERAIS: elementos fundamentais para o bom funcionamento do corpo humano.

MOVIMENTOS PERISTÁLTICOS: movimentos involuntários feitos por diferentes órgãos do corpo humano.

MÚSCULOS: tecidos responsáveis pelos movimentos.

NEFRONS: estruturas microscópicas capazes de eliminar resíduos do metabolismo do sangue.

NERVOS: estruturas que levam as "mensagens" de todas as partes do corpo para o sistema nervoso central e trazem de volta os "comandos".

NÓDULO LINFÁTICO: sinônimo de linfonodos, são estruturas espalhadas por todo o corpo que funcionam como um filtro contra agentes infecciosos.

NUTRIENTES: substâncias essenciais para a vida presentes nos alimentos e absorvidas pelo organismo durante o processo de digestão.

ORGANISMO: corpo constituído por órgãos, como o corpo humano.

OSSOS: peças rígidas que formam o esqueleto.

OXIGÊNIO: elemento químico essencial para a respiração.

PH: símbolo para uma medida sobre o potencial de hidrogênio que indica o nível de acidez, neutralidade ou alcalinidade de um elemento.

PALPAÇÃO: exame feito com os dedos para explorar clinicamente os órgãos.

PARASSIMPÁTICO: parte do sistema nervoso responsável por estimular ações que permitem ao organismo responder às ações com calma.

PEPSINA: enzima digestiva que desdobra as proteínas.

PEPTIDASES: enzimas que quebram as ligações entre os aminoácidos e as proteínas.

PLAQUETAS: fragmentos que protegem o organismo contra uma perda excessiva de sangue.

PRESSÃO ARTERIAL: refere-se à pressão exercida pelo sangue contra a parede das artérias.

PROTEÍNAS: moléculas que fornecem material para a construção e para a manutenção de todos os órgãos e tecidos.

SACARASE: enzima que tem como função a digestão de sacarose.

SANGUE: conjunto líquido que circula pelo sistema vascular.

SOMATOSTATINA: hormônio proteico controlador do hormônio do crescimento.

SUCOS DIGESTIVOS: líquidos elaborados pelas glândulas digestivas para auxiliar no processo de digestão.

SUDORESE: secreção de suor, transpiração.

SUPRARRENAIS: glândulas que regulam o metabolismo do sódio, do potássio e da água.

TECIDO ADIPOSO: variedade de tecido que acumula gordura.

TECIDO MUSCULAR: fibras com a capacidade de se contrair e alongar.

TERMORRECEPTORES: receptores sensoriais que captam estímulos térmicos.

TIMO: órgão responsável

GLOSSÁRIO

pelo desenvolvimento e pela seleção de linfócitos.

TIREOIDE: glândula que interfere nas funções dos órgãos vitais como o coração, o cérebro e os rins. Ela também está relacionada aos ciclos menstruais, fertilidade, peso, humor, crescimento, entre outros.

TONSILAS PALATINAS: também conhecidas como amídalas, localizam-se próximas à garganta e têm função de defesa do organismo.

TRIPSINA: enzima que age nas proteínas durante o processo final da digestão.

TRIGLICERÍDEOS: principais gorduras do corpo humano, podem ser resultado da alimentação ou produzidas pelo próprio organismo, no fígado.

UREIA: produto final de todo o trabalho do sistema excretor.

VÁLVULAS: estrutura que permite a passagem de líquidos ou gases por uma abertura em uma só direção.

VÊNULAS: pequeno vaso sanguíneo que faz o sangue pobre em oxigênio retornar para as veias.

VÉRTEBRA: ossos que compõem a coluna vertebral.

SISTEMAS RESPIRATÓRIO, SENSORIAL, NERVOSO E ENDÓCRINO

ADRENALINA: hormônio liberado em situações de estresse.

ANTIBIÓTICO: remédio capaz de combater qualquer doença causada por microorganismos.

ANTIDIURÉTICA: hormônio que atua sobre os rins.

BAINHA DE MIELINA: dobras múltiplas em volta de uma célula nervosa.

BRÔNQUIOS: tubos que levam o ar aos pulmões.

CÉLULAS FOTORRECEPTORAS: receptores sensoriais responsáveis pela visão.

COGNIÇÃO: processo de percepção.

CÓRTEX CEREBRAL: camada externa do cérebro dos vertebrados.

DOPAMINA: neurotransmissor indispensável para a ação do cérebro.

ENCÉFALO: parte superior do sistema nervoso central que controla o organismo.

ESTROGÊNIO: hormônio ligados ao desenvolvimento de características femininas.

FARINGE: é a anatomia que conecta o nariz à boca.

FENDA SINÁPTICA: espaço entre uma célula e o tecido nervoso.

FOSSAS NASAIS: cavidades do nariz.

GÂNGLIOS NERVOSOS: acúmulos de neurônios situados fora do sistema nervoso central.

GLÂNDULAS: órgão que secreta substâncias na corrente sanguínea.

GLOTE: estrutura que controla a entrada e saída de ar para os brônquios e pulmões.

HILO PULMONAR: parte interna dos pulmões, onde se localizam veias e artérias.

LARINGE: órgão do sistema respiratório.

MIELINA: substância que se formam ao redor de fibras nervosas.

MUCOSA: tecido que reveste as camadas úmidas do corpo.

NEURÔNIO: célula do sistema nervoso responsável pelos impulsos nervosos.

OSSÍCULOS: pequenos ossos da orelha.

PAPILAS GUSTATIVAS: pequenas partes da língua e das narinas responsáveis pelo paladar.

PROGESTERONA: hormônio sexual produzido a partir da puberdade.

PROTOZOÁRIOS: micro-organismos que podem transmitir doenças.

PUBERDADE: período de transição entre a infância e a adolescência.

QUIMIOTERAPIA: tratamento de enfermidades graves, como o câncer.

RADIOTERAPIA: tratamento em que se utilizam radiações

GLOSSÁRIO

...EPTO: partição cartilaginosa que separa as fossas nasais.

...INAPSE: espaço entre os neurônios.

...UBCUTÂNEA: uma das camadas de tecido da pele.

...UBGLOTE: área da laringe abaixo das cordas vocais.

...UPRAGLOTE: parte superior da laringe, acima das cordas vocais.

...ROSINA: componente das proteínas dos seres vivos.

...RAQUEIA: órgão que liga a laringe aos brônquios.

...TI: Unidade de Terapia Intensiva, onde ficam internados enfermos em estado grave.

...STEMAS REPRODUTOR, LINFÁTICO, MUSCULAR E ESQUELÉTICO

...EXIGA: órgão humano responsável pelo armazenamento da urina.

...OLSA ESCROTAL: bolsa externa, feita de pele e músculo, que armazena os testículos.

...OMBA: parte da prótese peniana inflável que fica implantada na bolsa escrotal com a função de transferir o líquido entre o reservatório e os cilindros.

...OLUNA VERTEBRAL: eixo ósseo do corpo, estende-se do crânio até a pelve. Sua principal função está relacionada com a estabilidade do corpo.

...RPO CAVERNOSO: câmaras no pênis que ficam cheias de sangue durante uma ereção.

DISFUNÇÃO ERÉTIL: incapacidade de iniciar e de manter uma ereção.

EDEMA: acúmulo anormal de líquido nos tecidos do organismo.

EJACULAÇÃO: ação física pela qual ocorre a expulsão do esperma.

EMBRIÃO: ser humano durante as oito primeiras semanas do desenvolvimento intrauterino.

EREÇÃO: resposta involuntária do corpo, resultado de estímulos sexuais e da excitação, controlada pela testosterona. O cérebro reage e ordena a abertura de válvulas e vasos do pênis, possibilitando que mais sangue vá para dentro do órgão, deixando-o rígido. Ao mesmo tempo, veias internas são submetidas à compressão, restringindo a saída desse sangue, mantendo o pênis ereto. Nesse período, o sangue fica retido nos corpos cavernosos, localizados na base do órgão sexual masculino.

HORMÔNIOS: substância química específica e altamente especializada que atua em diferentes partes do corpo humano.

IMPOTÊNCIA: incapacidade de ter ou manter uma ereção para uma relação sexual satisfatória.

LIBIDO: anseio ou desejo sexual.

LUBRIFICAÇÃO: liberação de líquido que diminui o atrito e facilita o funcionamento do órgão.

ORGASMO: conclusão, com nível máximo de satisfação, de um ciclo sexual.

PÉLVICA: refere-se à região da virilha.

PENO-ESCROTAL: região composta pelo pênis e o escroto.

PERÍNEO: conjunto de músculos situado entre o ânus e os órgãos sexuais.

PERÍODO FÉRTIL: momento do mês em que a mulher está ovulando, aumentando as chances de engravidar.

PRÓSTATA: Glândula que faz parte do sistema reprodutor masculino, cuja função é produzir e armazenar um fluido incolor e ligeiramente alcalino que constitui até 30% do volume do fluido seminal.

TECIDO ESPONJOSO: tecido ósseo com aspecto poroso, que apresenta espaços medulares.

TESTOSTERONA: hormônio sexual masculino.

VESÍCULAS: pequenas bolhas cheias de líquido que podem surgir em qualquer lugar da pele.

SÊMEN: sinônimo de esperma, é um fluido produzido pelos homens, com grande quantidade de espermatozoides.

QUIZ

Teste seus conhecimentos aqui

1 Qual é o maior órgão do corpo humano?
A) o intestino grosso
B) a pele
C) o tubo digestivo

2 O organismo de homens e mulheres possuem algumas diferenças. Uma delas está no coração. Qual dos dois bate mais rápido?
A) da mulher
B) do homem
C) as diferenças entre homens e mulheres não chegam a tanto

3 Quantos dentes formam uma arcada dentária completa?
A) 25
B) 38
C) 32

4 O fêmur, osso localizado na coxa, é o maior do corpo humano. Já o estribo é o menor. Onde ele está localizado?
A) nos pés
B) no cotovelo
C) dentro do ouvido

5 É verdade que o corpo humano elimina gás carbônico?
A) sim, durante o processo de digestão
B) sim, durante o processo de respiração
C) não, o organismo não possui tal capacidade

6 Em média, 80% dos sabores que sentimos não são sentidos pelo paladar, mas sim pelo:
A) olfato
B) olhar
C) tato

7 Por qual sistema é feita a limpeza do sangue?
A) circulatório
B) excretor
C) digestório

8 Além de sustentar todo o corpo, qual é a outra função do sistema esquelético?
A) armazenar cálcio
B) produzir proteínas
C) concentrar excreções

9 Quantos músculos há no corpo humano?
A) entre 300 e 400
B) mais de 1.000
C) cerca de 600

10 Imagine-se de cabeça para baixo, bebendo um copo d'água. O que acontece com o líquido?
A) não pode ser engolido
B) chega normalmente ao estômago
C) pode acabar no sistema respiratório

Respostas do quiz

1 b) a pele. Não é apenas o maior como o mais pesado, sendo mais ou menos 15% do peso total.
2 a) da mulher. Ele bate, em média, 8 vezes a mais por minuto.
3 c) 32. É a quantidade de dentes de uma boca adulta, com os do siso.
4 c) dentro do ouvido. Ele mede cerca de 0,25 cm.
5 b) sim, durante o processo de respiração. O organismo inspira oxigênio e expira CO2.
6 a) olfato. E por isso há a dificuldade de sentir sabores se estamos gripados, por exemplo.
7 b) excretor. Nos rins, o sangue é filtrado e volta à corrente livre de excessos.
8 a) armazenar cálcio. Ele é que dá forças à estrutura.
9 c) cerca de 600. Juntos, possibilitam nossos movimentos.
10 b) chega normalmente ao estômago. O sistema digestório desafia a lei da gravidade e trabalha normalmente até de cabeça para baixo.

QUIZ

Teste seus conhecimentos aqui

1 No sistema endócrino, há uma glândula que interfere no trabalho de muitas outras. Qual é?
A) Hipotálamo
B) Hipófise
C) Fígado

2 A faringe faz parte de dois sistemas do corpo humano:
A) Digestório e respiratório
B) Endócrino e digestório
C) Sensorial e respiratório

3 Além das papilas gustativas, qual outro sentido compõe o paladar?
A) Tato
B) Visão
C) Olfato

4 A traquestomia, procedimento comumente usado em pacientes de UTI, consiste em:
A) Colocar uma válvula no cérebro
B) Respirar por aparelhos
C) Uma pequena abertura no pescoço e na traqueia

5 "É o cérebro que comanda as ações do sistema sensorial". Verdadeiro ou falso?
A) Verdadeiro. Os impulsos nervosos são interpretados pelo sistema nervoso central e transmitidos aos órgãos.
B) Falso. Cada órgão cumpre a sua função. O nariz sente o cheiro, os olhos vêem e assim por diante.
C) Falso. O cérebro é incapaz de agir sobre o sistema sensorial.

6 Em média, quantos neurônios habitam no sistema nervoso?
A) Menos de 1 milhão
B) Entre 2 e 3 trilhões
C) Cerca de 86 bilhões

7 A testosterona é um hormônio exclusivamente masculino, feminino ou também é encontrado no organismo da mulher?
A) Exclusivamente masculino.
B) Exclusivamente feminino.
C) É encontrado em ambos sexos.

8 O organismo sobrevive menos tempo sem:
A) água
B) respiração
C) alimentos

9 Os fotoreceptores, células sensoriais localizadas nos olhos, são estimuladas pela:
A) cor
B) luminosidade
C) movimentação do ambiente

10 O cérebro é dividido em dois hemisférios, direito e esquerdo. É correto afirmar que:
A) O hemisfério direito controla o lado direito e o hemisfério esquerdo controla o lado esquerdo, respectivamente.
B) o hemisfério direito controla o lado direito, mas o esquerdo tem controle sobre os dois.
C) o hemisfério direito tem controle sobre o lado esquerdo do corpo e o hemisfério esquerdo tem controle sobre o lado direito.

Respostas do quiz

1 B) Hipófise.
2 A) Digestório e respiratório.
3 C) Olfato
4 C) Uma pequena abertura no pescoço e na traqueia
5 A) Verdadeiro. Os impulsos nervosos são interpretados pelo sistema nervoso central e transmitidos aos órgãos.
6 C) Cerca de 86 bilhões
7 C) É encontrado em ambos sexos.
8 B) respiração.
9 B) luminosidade.
10 C) o hemisfério direito tem controle sobre o lado esquerdo do corpo e o hemisfério esquerdo tem controle sobre o lado direito.

QUIZ

Teste seus conhecimentos aqui

1 O esqueleto de um adulto é formado por aproximadamente:
A) 350 ossos
B) 120 ossos
C) 200 ossos

2 O pescoço da girafa tem a mesma quantidade de ossos que o de um ser humano.
A) Verdadeiro, a única diferença é o seu comprimento.
B) Falso, olha o tamanho do pescoço da girafa!
C) Falso, a mesma quantidade de ossos não daria a mesma estrutura.

3 Qual é o mais denso músculo do corpo humano?
A) O estapédio, no ouvido médio.
B) O glúteo máximo, localizado no bumbum.
C) O miocárdio, músculo do coração.

4 Os músculos que mais se movimentam no corpo são:
A) Os dos pés, que carregam todo o peso do corpo.
B) Os das pernas. Afinal, são usados para caminhar.
C) Os dos olhos, em média 100 mil vezes por dia.

5 A pelve é uma estrutura óssea que protege:
A) os órgãos do sistema linfático.
B) os órgãos do sistema reprodutor.
C) toda a estrutura muscular do corpo.

6 A linfa também pode ser chamada de:
A) sangue branco
B) glóbulo branco
C) glóbulo vermelho

7 O ciclo menstrual da mulher:
A) Deve ter exatamente 28 dias.
B) Pode variar entre 10 e 40 dias.
C) Varia entre 23 e 35 dias.

8 A principal função do sistema linfático é:
A) Controlar a massa do corpo humano.
B) Participar diretamente da imunidade do ser humano.
C) Atacar os glóbulos brancos.

9 A estrutura óssea do ser humano se desenvolve até:
A) Os 20 anos de idade, em média.
B) A velhice.
C) Os 15 anos de idade.

10 Os espermatozoides são produzidos:
A) Pelo pênis.
B) Pela uretra.
C) Pelos testículos.

Respostas do quiz

1 C) 200 ossos
2 A) Verdadeiro, a única diferença é o seu comprimento.
3 B) O glúteo máximo, localizado no bumbum.
4 C) Os dos olhos, em média 100 mil vezes por dia.
5 B) os órgãos do sistema reprodutor.
6 A) sangue branco.
7 C) Varia entre 23 e 35 dias.
8 B) participar diretamente da imunidade do ser humano.
9 A) Os 20 anos de idade, em média.
10 C) Pelos testículos.

Colaboradores

NA HUGGLER, DA
LOBAL NUTRIÇÃO
ww.globalnutricao.com.br

R. ANDRÉ VEINERT
ww.healthme.com.br

R. VITOR BUARIDE,
ÉDICO DO HOSPITAL
ALT LAKE
l.: (11) 3891-1000;
ww.sanctamaggiore.com.br

RA. ANNA BORDINI, DA
LÍNICA BERTOLINI
l.: (11) 2615-1435;
ww.clinicabertolini.com.br

RA. VIVIANE CHRISTINA
E OLIVEIRA
ww.endoquali.com.br

RA. ERICA MANTELLI
l.: (11) 3051-3121;
ww.ericamantelli.com.br

ABRIELA CHAMUSCA
ww.posunifae.com.br

ABORATÓRIO
ACIONAL DE
OCIÊNCIAS
l.: (19) 3512-1244

ÉDICA GINECOLOGISTA

CARMEN SÔNIA DE
CARVALHO JORGE
Tel.: (21) 2521-5099;
2421-5188

MÉDICA PSIQUIATRA
MARINA VALLE
Tel.: (21) 97132-1030
marinaavalle@gmail.com

MÉDICO ORTOPEDISTA
FELIPE CARVALHO
Tel.: (21) 2134-5000

SOCIEDADE BRASILEIRA
DE CARDIOLOGIA
Tel.: (11) 3411-5500;
funcor@cardiol.br
www.cardiol.br

SOCIEDADE BRASILEIRA
DE ENDOSCOPIA
DIGESTIVA
Tel.: (11) 3148-8200;
www.sobed.org.br

SOCIEDADE BRASILEIRA
DE NEFROLOGIA
Tel.: (11) 5579-1242;
5084-3047;
www.sbn.org.br

DR. ALESSANDRO SILVA
www.alessandrosilva.com.br

DR. EDUARDO MOURA
www.facebook.com/
altadiagnosticos
blog.altadiagnosticos.com.br

DRA. LUCIANE LIMA,
DERMATOLOGISTA DA
CLÍNICA VISIA
Tel.: (11) 3078-6532;
www.clinicavisia.com.br

INSTITUTO DOR
PESQUISA E ENSINO
www.idor.org

MINISTÉRIO DA SAÚDE
portalsaude.saude.gov.br

DRA. PATRÍCIA
ANTONIAZZI
Tel.: 2659-5438

DRA. PAULA PIRES
www.paulapires.com.br

DR. RUBEN PENTEADO
Tel.: (11) 5535-0830;
www.medintegrada.com.br

DRA. VIVIANE CHRISTINA
DE OLIVEIRA
Tel.: (11) 3262-5564;
www.endoquali.com.br

DR. ARTUR PADÃO
GOSLING

Colaboradores

Fisioterapeuta da Aliviar Medicina da Dor, Especialista pela Sociedade Nacional de Fisioterapia Esportiva (SONAFE) e Mestre de Ciências/Clínica Médicas pela UFRJ
Tels.: (21) 3078-1448 / (21) 3078-1449 /
(21) 97112-1248
http://medicinadador.com.br

DR. HELDER MONTENEGRO
Fisioterapeuta, especialista em coluna vertebral, presidente da Associação Brasileira de Reabilitação de Coluna – ABRColuna, diretor do Instituto Pilates.
www.instpilates.com.br

DRA. ERICA MANTELLI
Ginecologista e Obstetra pós-graduada em Sexologia pela Universidade de São Paulo (USP)
Tel.: (11) 3051-3121;
contato@ericamantelli.com.br
www.ericamantelli.com.br

DEPARTAMENTO DE MORFOLOGIA DO CENTRO UNIVERSITÁRIO LUTERANO DE PALMAS
Tel.: (63) 3219-8000
www.ulbra-to.br
Fundação Pró-Sangue de São Paulo
SAC: 0800-55-0300
www.prosangue.sp.gov.br

HOSPITAL SÃO PAULO
Tel.: (11) 5576-4000; (11) 5576-4522;
www.hospitalsaopaulo.org.br

INSTITUTO LADO A LADO PELA VIDA
Tel.: (11) 3051-5599;
www.ladoaladopelavida.org.br
Instituto Pecchia e Polydoro
Tel.: (11) 3798-0660;
contato@clinicaortopedia.com.br
www.clinicaortopedia.com.br

ONG INSTITUTO ONCOGUIA
SAC: 0800-773-1666
www.oncoguia.org.br

ORGANIZAÇÃO VIDA & SAÚDE
www.vidaesaude.org

PROF. DR. HENRIQUE JORGE GUEDES
Médico Angiologista e Cirurgião Vascular, Graduado na Faculdade de Ciências Médicas da Santa Casa de São Paulo e Especialista em Doenças dos Vasos Sanguíneos. Membro do Conselho Científico da Sociedade Brasileira de Angiologia e de Cirurgia Vascular (SBACV)
Tel.: (11) 3826-3678 / (11) 3826-5079
www.drguedes.med.br

SITE OFICIAL DO DR. DRÁUZIO VARELLA
www.drauziovarella.com.br

SOCIEDADE BRASILEIRA DE ANGIOLOGIA E DE CIRURGIA VASCULAR (SBACV)
Tel.: (11) 5084-6493
www.sbacv.com.br

SOCIEDADE BRASILEIRA DE UROLOGIA
www.sbu.org.br

UNIVERSIDADE DE MEDICINA DE BOSTON
www.bu.edu

ANOTAÇÕES

Faça suas anotações neste espaço

CONFIRA NOSSOS LANÇAMENTOS AQUI!

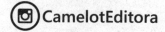